de Menina a Mulher 2

DRICA PINOTTI

de Menina a Mulher 2

Tudo que você precisa saber para superar seus grilos com a aparência e arrasar sempre!

1ª edição

Rio de Janeiro-RJ / Campinas-SP, 2014

VERUS editora

Editora: Raïssa Castro
Coordenadora Editorial: Ana Paula Gomes
Copidesque: Anna Carolina G. de Souza
Revisão: Tássia Carvalho
Capa e Projeto Gráfico: André S. Tavares da Silva
Ilustrações: © DMM Consultoria e Design Ltda

Direitos desta edição reservados por
Verus Editora Ltda.
Rua Benedicto Aristides Ribeiro, 55, Jd. Santa Genebra II, Campinas/SP
13084-753 | Fone/Fax: (19) 3249-0001 | www.veruseditora.com.br

ISBN: 978-85-7686-303-8

CIP-BRASIL. CATALOGAÇÃO NA FONTE
SINDICATO NACIONAL DOS EDITORES DE LIVROS, RJ

P725m

Pinotti, Drica
De menina a mulher 2 : tudo que você precisa saber para superar seus grilos com a aparência e arrasar sempre! / Drica Pinotti ; [ilustrações DMM Consultoria e Design]. - 1. ed. - Campinas, SP : Verus, 2014.
il. ; 21 cm.

ISBN 978-85-7686-303-8

1. Adolescentes (Meninas) - Conduta - Literatura infantojuvenil. 2. Estilo de vida - Literatura infantojuvenil. 3. Escolha (Psicologia) - Literatura infantojuvenil. I. DMM Consultoria e Design. II. Título.

13-06198 CDD: 028.5
CDU: 087.5

Revisado conforme o novo acordo ortográfico

Impressão e acabamento: **Lis Gráfica e Editora**

Agradecimentos

Agradeço a todas as pessoas que direta ou indiretamente colaboraram com este livro. Entre elas, dr. Ricardo Mahum e Fabrício Sena, pelas ilustrações. Também agradeço a Kathleen Makhohl, publicitária e grande amiga, ao dr. Flávio Carnevalle, cirurgião-dentista, e também ao meu agente, Bruno Borges, pelo trabalho, paciência, apoio e estímulo.

Por fim, agradeço a toda a equipe da Verus Editora, por acreditar em mim e no meu talento.

A todos vocês os meus sinceros e carinhosos agradecimentos! Sou muito feliz por tê-los em minha vida!

Sumário

Introdução 9
Legenda 13

PARTE 1 **Moda e estilo**
Desde que o mundo é moda 17
Glossário fashion 23
Dia de festa 35
Como vai o estilo do gato? 43

PARTE 2 **Não abuse, use**
Cecê não dá! 51
Pelos nunca mais! 55
Perfume, que cheiro é esse? 63
Tatuagens e piercings 67
Etiqueta: seu manual de instruções 73
Lingerie 79
Sandálias e cuidados com os pés 85

PARTE 3 **E Deus criou a mulher...**
A melhor ou a pior dieta: a escolha é sua 93
Sorriso feliz 103
Óculoooos... 111

Plástica: a difícil decisão 117
Corrigindo imperfeições 123

PARTE 4 ... E depois a modelo
O bom marketing pessoal 135
Vida de modelo 141
A poderosa é você! 151

Introdução

Depois da experiência com o primeiro livro da série *De menina a mulher*, fiquei ansiosa para retornar ao processo de escrita e contar a você minhas mais novas descobertas. Afinal, a vida muda tanto e tão rápido que precisamos correr atrás do tempo. Especialmente nos dias de hoje, com tanta tecnologia, tantos aplicativos para celular e mídias sociais. As informações chegam fácil e estão na palma da mão. É muito grande a quantidade de informações novas com as quais nos deparamos todos os dias. E informação é fundamental para a preparação de qualquer pessoa, pois é ela que nos orienta e nos permite tomar as melhores decisões, escolher o melhor caminho.

De menina a mulher traz informações gerais sobre comportamento, atitude, tribos, viagens etc. Desta vez, vou tratar de um assunto específico: a aparência. E vou falar de uma forma divertida, pelo foco da moda, além de abordar uma das carreiras mais concorridas do momento, a de modelo. Não colocarei em questão as tendências atuais, pois elas vão e vêm, e sim os conceitos mais importantes, por exemplo, como curtir seu corpo e entendê-lo para se vestir de forma adequada a cada ocasião. Esses, sim, ficarão com você para sempre. De forma simples e direta, falarei também de alguns tabus, como cirurgia plástica, "cecê" e demais odores do corpo, piercings, tatuagens, a importância de um belo sorriso para a autoconfiança e muito mais. Tenho certeza de que você vai se amarrar nos assuntos abordados aqui!

Os mitos e micos da moda serão encarados como uma brincadeira, com referência ao que se julga certo ou errado, mostrando pontos de vista diferentes; afinal, quem pode afirmar o que é definitivamente errado?

Acredito simplesmente que devemos buscar adequação e bom senso na hora da escolha. Em todas as situações da nossa vida, o mais importante é sermos coerentes com nossas crenças. Comigo sempre deu certo. Quando criança, fiz algo muito errado na concepção da minha mãe — na minha, não, e até hoje não entendi aquela surra! — e, além do castigo, ela me disse algo que sempre me acompanha. É um modo muito simples de ver a vida, mas funciona: "Nunca faça aos outros o que não gostaria que fizessem a você". É uma questão de respeito ao próximo. Se você tiver consideração e respeito pelos sentimentos dos outros, e pelos seus, sempre vai se sair muito bem em qualquer situação de angústia e desconforto. Este livro vem até você com uma proposta: ser seu amigo, um conselheiro sempre próximo para ajudá-la em qualquer dúvida sobre os assuntos abordados. Mantenha-o ao seu lado e, quando precisar dar uma olhadinha de última hora, não se acanhe; amigos são para essas coisas.

Gostaria que você soubesse que procurei ficar "antenada" com os "babados" e "baladas", as conversas com a galera, as tribos, os "points das glamorosas", os "hits" do momento, os maiores micos, a cantora mais "irada", a atriz que "arrebenta". Enfim, tudo, tudinho que pude pesquisar de novidade para deixá-la superbem informada está aqui. Espero que você ache D+, pois sempre dou o melhor de mim no meu trabalho para fazer algo bacana para as minhas leitoras.

Legenda

ERRO IMPERDOÁVEL

EM BAIXA

EM ALTA

SUPERFASHION

MICO TOTAL

DICA

PARTE 1

Moda e estilo

Desde que o mundo é moda

Trilhando os caminhos tortuosos da história da moda, percebi que não existem verdades absolutas, tampouco respostas para perguntas do tipo quando, como e por que ela começou. São os mistérios dessa senhora elegante...

Adotamos como marco inicial o povo egípcio, com seus tecidos de linho, algodão e suas pinturas — estamparia artesanal. Os egípcios ficaram conhecidos, entre outras coisas, pela enorme vaidade. Porém as referências de moda e o surgimento da profissão de costureiro datam da Idade Média e dos antigos impérios. O conceito de moda, com toda a sua importância e influência cultural, só passamos a conhecer a partir da alta--costura. Aí, sim, as mulheres puderam se vestir com modelos chiquérrimos, exclusivos, feitos por costureiros famosos, criativos e que já contavam com certa ajuda tecnológica na confecção de suas peças. Para causar inveja, elas se esforçavam ao máximo: corpetes, regimes e abdominais, anáguas, armações de arame etc. Valia tudo para se tornar a mais bela dama da sociedade e ser invejada por todas as outras ao provocar a cobiça dos homens e tornar o marido mais proeminente. Será que vem daí a nossa mania de reparar em todos os vestidos que desfilam numa festa? E a mania deles de nos exibir como se fôssemos um troféu ganho no jogo de truco?

Conhecendo o espírito feminino como conheço — afinal, também sou mulher —, ouso dizer que a rivalidade feminina começou muito antes... Fico imaginando a mulher pré-histórica, com aquele modelito "bárbaro" de pele de oncinha — aliás, muito copiado no inverno de 1998, voltando no outono de 2011 e que com certeza marcará presença também no futuro —, assimétrico, com um ombro só e, quem diria, curtinho... Nossa! Como não percebi isso antes?! Ela já usava minissaia! E eu pensando que tinha sido uma invenção da maravilhosa Mary Quant (e foi), na década de 1960. Década de 1960 que nada!

Voltemos para a nossa primitiva fashion. Imagine só ela adentrando o baile. Realizado, é claro, em uma caverna com uma superdecoração de folhagens e palha. Várias frutas saborosas, sucos feitos com a água do lago da vizinhança e carnes cruas no cardápio. O seu *Homo sapiens* em traje de gala, conversando (rugindo) sobre futebol, é óbvio. E elas reparando umas nas outras. Sim, porque tanto quanto Betty e Wilma, do desenho *Os Flintstones*, acho que elas também tinham o mínimo de imaginação para amarrar suas roupas, trançar os chinelinhos, arrumar, cortar e prender os cabelos com aquelas lindas presilhas de osso. Não consigo imaginar uma mulher sem um pingo de vaidade e senso estético. Não existe. E, se existir, é um ET! Pois essas coisas estão na alma feminina. Não tem como nascer sem. Nem remover, deixar embaixo do travesseiro ou perder pelo caminho.

Acredito, honestamente, que em alguns pontos a humanidade não mudou. E na moda? O que se modificou?

A pirâmide da moda nos sugere que ela se tornou glamorosa na alta-costura e foi ficando popular, até chegar às ruas.

Hoje em dia, com o fenômeno da globalização, temos todas as grandes grifes espalhadas pelo mundo, bem como os mais variados preços, cores, produtos e estilos, além de muita informação, sem precisarmos sair de casa. Porém continuo achando que essa moda é só para quem pode pagar. E, convenhamos, no Brasil poucos podem renovar o guarda-roupa a cada estação.

Então, o que fazer? Com a enorme capacidade criativa que, graças a Deus, a brasileira tem, é possível adequar peças novas e básicas ao visual já batido, deixando-o renovado. Se bobear, até com cheirinho de novo...

A cada estação, invista em seu look reforçando o guarda--roupa com peças mais baratas, porém representativas das tendências de moda do momento.

A moda mais democrática que já houve foi, sem dúvida, a da época de nossa amiga primitiva.

Na luta pela sobrevivência, era preciso mitigar não só a fome, mas também o frio. A caça abatida resolvia os dois problemas: sua carne aplacava a fome, e sua pele, usada para cobrir o corpo, o frio. Nascia aí a roupa, tão idolatrada nos dias de hoje.

A moda também faz parte do processo de evolução do mundo. E, com ele, ela progrediu, se popularizou e ganhou status de "arte", a ponto de influenciar e interferir em nossa vida: ao que assistimos, o que comemos — engordar é proibido —, quem namoramos... Aliás, o namorado tem prazo de validade, um para cada estação, e precisa combinar com os novos sapatos ou com a tendência para as cores de cabelo. A profissão que escolhemos muitas vezes também é a da moda; enfim, tudo, tudinho... Afinal, quem tem coragem de sair de casa com um modelito do século passado, se não estiver na moda?

Glossário fashion

Sempre que lemos um artigo sobre moda, nos deparamos com termos muitas vezes estranhíssimos em relação ao nosso linguajar cotidiano. Pensando nisso, resolvi listar algumas palavrinhas que vão enriquecer o seu vocabulário e a farão "viajar" menos da próxima vez que ler uma revista.

- **Agenciada:** garota no casting de uma agência e indicada para vários trabalhos.
- **Anarruga:** não é o nome de nenhuma amiga sua. É um tecido bem leve e com textura diferenciada: tem partes enrugadas e outras lisas que formam desenhos, como xadrez ou listras.
- **Apontamento:** apresentação da futura modelo aos clientes e formadores de opinião do mundo da moda.
- **Baggy:** calça larga nos quadris, com cintura alta e ajustada e afunilada nos tornozelos. Apesar de estarem completamente fora de moda, as calças baggy foram um fenômeno nos anos 1980 entre as adolescentes.
- **Balonê:** também foi tendência nos anos 1980. São peças em que a bainha é ajustada, e o efeito acaba parecendo o de um balão.

- **Bandagem:** tecido de algodão, leve, ligeiramente creponado. Considerado rústico, é muito usado na confecção de peças para surfwear, streetwear e outras linhas de moda jovem.
- **Bandana:** lenço usado nos cabelos ou no pescoço. Dá ao look um ar de camponesa muito legal.
- **Bandeau:** faixa usada como top para cobrir o busto. Apesar de a palavra ser francesa, a forma de utilização é criação brasileira, tipicamente tropical.
- **Básico:** estilo de se vestir simples e espontâneo. É responsável pela maior fatia do mercado de moda.
- **Batique:** método artesanal de estamparia. Teve origem na Malásia e na Indonésia.
- **Black-tie:** traje masculino para eventos noturnos constituído de gravata-borboleta e paletó preto ou azul-marinho, luxo total. Seu uso é obrigatório para homens em festas de gala e bailes formais. Geralmente, nessas ocasiões, as mulheres usam vestidos longos e brilhosos.
- **Body:** a palavra é de origem inglesa e significa corpo. Em moda, é usada para descrever um colante ou uma roupa bem justa.
- **Book:** álbum de fotografias. É o material de trabalho mais importante de uma modelo, por meio do qual ela é escolhida para o apontamento.
- **Booker:** a pessoa responsável pela primeira seleção das garotas que chegam à agência, candidatas a modelo.
- **Brim:** tecido bem grosso, de algodão, muito usado pelos jovens.
- **Cachê:** a melhor parte do trabalho. É a grana, o pagamento da modelo.

- **Caleçon:** roupa íntima, originalmente masculina, mas que hoje já aparece com corte feminino, como calcinhas largas. É muito confortável para dormir.
- **Canga:** tecido de algodão em formato retangular. Ótima companheira, pois tem mil e uma utilidades. Serve, por exemplo, como saída de praia e também como toalha, quando estendida na areia.
- **Cardigã:** casaco de tricô, ou lã, sem gola, com ou sem mangas, normalmente abotoado na frente.
- **Cashmere:** desenho de antigas estampas hindus, muito usado ultimamente.
- **Casting:** seleção em que o cliente conhece várias modelos com o perfil de seu produto, para definir quem vai ser contratada para o trabalho. A equipe de modelos de uma agência também é chamada de casting .
- **Casual:** estilo muito interessante; é a mistura dos estilos básico, natural, esportivo, descontraído e ocasional.
- **Chemisier:** vestido com abotoamento frontal, tipo camisa masculina. Em geral com mangas e usado com cinto para marcar a cintura.
- **Cigarette:** calça justa ligeiramente mais curta que as tradicionais. É feita de tecido com elastano.
- **Clean:** traje de cor clara e sem excessos, sem muitos detalhes e adereços.
- **College:** estilo formado a partir dos uniformes dos colégios ingleses. Trata-se de um padrão de cores e estrutura de modelagem seguido até hoje; faz a cabeça de muitos homens, que gostam de ver as meninas usando esse estilo tipicamente feminino.

- **Composé:** combinação de variações de uma mesma estampa em um único look.
- **Composite:** cartão de visita com mais ou menos quatro fotos da modelo. Apropriado para os clientes guardarem em arquivo.
- **Cool:** bacana ou moderno, depende do sentido que você quer dar à frase; é tudo que a moda considera sofisticado e moderno hoje.
- **Corsário:** calça com comprimento no joelho ou um pouco abaixo. Pode ser justa ou reta.
- **Cotton:** tipo de tecido composto de algodão e elastano. Muito confortável.
- **Customizar:** dar uma cara totalmente diferente a roupas velhas do seu armário, colocando enfeites e costurando novos detalhes.
- **Cyber:** estilo futurista, ultramoderno, que mistura arte com tecidos tecnológicos, criando um mix muito interessante de materiais.
- **Dark:** nome dado a uma "tribo" dos anos 1980 que só usava roupas pretas. A denominação persiste até hoje para aqueles que se vestem habitualmente com trajes escuros, sombrios.
- **Délavé:** desbotado.
- **Denin:** igual a jeans.
- **Design; designer:** desenho; desenhista, de moda ou não.
- **Dry cleaning:** lavagem a seco. Quando você comprar uma roupa importada, verifique se há essa especificação na etiqueta para não correr o risco de estragá-la.
- **Echarpe:** lenço longo e estreito, normalmente de tecido bem fino e leve. É muito charmoso usar echarpe ao vento!

- **Elastano:** fio com propriedades elásticas usado na fabricação do tecido, para deixá-lo mais confortável e colado ao corpo.
- **Envelope:** fechamento transpassado; pode se referir a saia, blusa ou vestido, sendo mais comum em saia.
- **Escarpim:** sapato feminino simples, todo fechado e sem detalhes; tem bico fino. É um clássico entre os sapatos.
- **Fashion:** moda, na moda e muito na moda.
- **Fashionista:** adorador da moda; pessoa que respira moda, porque trabalha com ela ou simplesmente porque ama se vestir bem e acompanhar as tendências.
- **Five pockets:** tipo de calça jeans com cinco bolsos, superjovem.
- **Floral:** estampa com muitas flores, que podem ou não ser miúdas.
- **Folk:** desenhos de inspiração étnica ou folclórica.
- **Fourreau:** vestido reto bem simples e sem detalhes, sequinho; nós o conhecemos hoje como tubinho.
- **Fun:** um jeito de fazer moda de forma divertida, engraçada; é um estilo rebelde, porém não agressivo.
- **Fuseau:** calça bem justinha, superlegal para fazer ginástica ou usar com batas e vestidos curtos.
- **Grife:** marca, assinatura. Quando você usa uma grife, paga o preço da assinatura do estilista; é como um quadro assinado pelo pintor.
- **Grunge:** estilo irreverente, descontraído e largado.
- **Habillé:** roupa de festa ou, se preferir, de gala.
- **High-bulk:** muito alto e volumoso.
- **Hype:** algo considerado obrigatório em um guarda-roupa por estar no auge da moda.

- **Jeans:** denim, tecido grosso normalmente tingido de azul. Lavagens diferenciadas também conferem ao jeans aspecto de envelhecimento que nós, consumidoras, adoramos.
- **Jérsei:** tecido de malha fino e maleável, muito usado no verão, principalmente na confecção de vestidos.
- **Kilt:** saia masculina usada por escoceses e irlandeses. Foi criada pelos antigos celtas no século XVII e simbolizava seu status.
- **Kitsch:** termo usado para caracterizar objetos de valor estético distorcido ou exagerado, de gosto discutível.
- **Legging:** tipo de meia-calça superconfortável, ótima para a prática de esportes.
- **Lingerie:** roupa íntima feminina: calcinha, sutiã, body, espartilho etc.
- **Lingerie outerwear:** roupa com jeito de lingerie feita para ser exibida nestes tempos de decotes amplos e transparências em alta.
- **Look:** visual.
- **Minimalista:** moda simplista, muito clean.
- **Mod:** "muderno, mudernissimo".
- **Nehru:** jaquetinha básica justinha e com abotoamento frontal; pode ser de brim, denim ou veludo.
- **New face:** cara nova na agência; modelo iniciante.
- **New look:** estilo criado por Christian Dior (estilista francês) em 1948, em Paris, que revolucionou a moda ao valorizar as formas femininas por meio de roupas com a cintura bem marcada.
- **Outerwear:** peça do vestuário que se usa sobre outra, por exemplo, jaqueta, sobretudo, paletó etc.

- **Over:** estilo carregado, totalmente perua.
- **Parca:** casaco com cintura ajustável por cinto próprio, normalmente do mesmo tecido.
- **Pareô:** corte retangular de tecido que se usa amarrado, como saia, em volta da cintura.
- **Passamanaria:** tipo de galão trabalhado aplicado sobre a roupa para enfeitar, puramente decorativo.
- **Patch:** remendo geralmente costurado nos cotovelos de paletós e casacos.
- **Patchwork:** estilo de roupa feita com retalhos de tecidos variados.
- **Pilling:** bolinhas causadas por fios repuxados no tecido.
- **Poá:** figura de bolas estampadas em tecido. Podem ser pequenas, médias ou grandes e estão muito em moda ultimamente.
- **Pochete:** bolsinha para ser carregada na cintura.
- **Polo:** camisa masculina de malha inspirada nos uniformes dos jogadores de polo.
- **Prêt-à-porter:** moda industrial de alta produção; é a moda das grandes grifes que encontramos nos shoppings. O termo significa "pronto para vestir".
- **Psicodélico:** traje exageradamente colorido, muito alegre.
- **Quimono:** robe geralmente de seda que os japoneses usam em suas cerimônias sociais.
- **Raglan:** tipo de manga sem cava em que a costura começa no pescoço; muito comum no guarda-roupa dos jovens.
- **Regata:** camiseta com decote e cavas bem acentuadas; traje típico de verão.
- **Retrô:** estilo que retoma tendências do passado.

- **Salopette:** jardineira.
- **Sári:** corte de tecido com seis metros que é amarrado por todo o corpo, servindo como abrigo. Roupa muito comum na Índia.
- **Sarongue:** saia transpassada e drapeada. Vestimenta usada na Malásia por homens e mulheres.
- **Scouter:** pessoa contratada por agências para descobrir novos talentos; costuma frequentar shoppings e locais onde há grande concentração de jovens.
- **Smoking:** traje masculino de gala com paletó, geralmente preto e com lapelas de cetim.
- **Spencer:** jaqueta curta e justa de mangas longas e fechamento frontal por zíper.
- **Sportswear:** roupa para a prática dos esportes que tomaram as ruas.
- **Streetlook:** moda de rua.
- **Surfwear:** estilo inspirado nos surfistas.
- **T-shirt:** a amada e inseparável camiseta.
- **Tailleur:** roupa feminina geralmente feita sob medida; terninho ajustado ao corpo, usado com saia ou calça do mesmo tecido.
- **Top:** blusinhas, baby look etc.
- **Top model:** supermodelo, internacionalmente famosa.
- **Trash:** estilo lixo, roupas velhas e rasgadas.
- **Trend:** estilo que vai predominar em uma estação.
- **Twin-set:** blusa de alça e casaco do mesmo tecido que formam um conjunto.
- **Underwear:** roupa íntima masculina: cueca, meias etc.
- **Vintage:** moda que recupera estilos antigos; roupas propositadamente gastas que dão a aparência de traje antigo.

- **Western:** moda inspirada nas roupas dos caubóis americanos ou dos vaqueiros brasileiros. Por que não?
- **Xale:** a antiga manta da vovó, que volta e meia está na moda com um novo tecido ou formato, porém sempre com um aspecto étnico ou retrô.
- **Yuppie:** estilo dos executivos nova-iorquinos jovens e bem-sucedidos.

Sempre que precisar, consulte este glossário da moda para estar antenada com as informações do mundo fashion.

Dia de festa

Oba, pintou uma festa!

É muito comum na adolescência surgirem vários convites para formaturas, bailes de debutantes, aniversários, casamentos; enfim, uma vida social ativa e cheia de acontecimentos inesperados e, muitas vezes, inéditos em sua vida. Mas, logo após o convite, vem a dúvida: O que usar?

E eu lhe digo: depende!

Isso mesmo, depende. Quando recebemos um convite, devemos fazer algumas perguntas: Qual o horário? Como será a festa (informal ou formal)? E o local? Dependendo do ambiente, você vai ter uma vaga ideia de como deverá se vestir.

Perguntas respondidas, agora vamos refletir sobre o que você deve usar. E sobre os fatores que podem influenciar sua escolha.

Local

- **Danceteria:** ambiente totalmente descontraído; dependendo do motivo da festa, você pode usar desde jeans até vestido de baile.
- **Residência:** normalmente se trata de uma festa informal, na qual não cabe (se é que você me entende!) um vestido

de baile que se arrasta por entre os móveis da casa. Nesse ambiente, o melhor é se vestir de forma casual. Um pretinho básico fica bárbaro.

- **Jardim ou ao ar livre:** nada de preto, por favor! Festas ao ar livre normalmente ocorrem em dias de muito sol, então não dá para ficar "torrando" dentro de uma roupa preta. Nesse caso, a melhor saída é um vestido estampado, leve, em harmonia com a natureza. Caso seja um churrasco à beira da piscina, bermuda, shorts e top estão liberados. E não se esqueça também do biquíni ou do maiô, ok?
- **Salão de festas:** local próprio para eventos grandiosos. Aí, sim, você pode arrasar com um belo vestido de baile. Só deve se atentar ao convite, já que a festa pode ser temática: um baile à fantasia, por exemplo.

Clima

No Brasil, temos essencialmente duas estações: verão e inverno. Veja o que usar.

- **Verão:** roupas leves. Até o vestido de baile deve ser aberto, de alças e sem muito volume na saia. Caso a festa seja em uma noite de muito calor, leve esse dado em consideração na hora de escolher o traje. Já vi garotas desmaiarem em festas de formatura por usarem vestidos extremamente quentes para o clima.
- **Inverno:** durante essa estação, você também pode usar vestido de baile, se quiser, mas não se esqueça de levar um casaquinho. De preferência que combine com o vestido, por favooor!

Tema da festa

- **Fantasia:** procure ser bem original, escolha uma fantasia diferente. Nada de odalisca, princesa e bruxa. Invente algo que a represente, represente suas raízes, ou que reflita sua personalidade. Confeccionar sua própria fantasia é muito bacana.
- **Réveillon:** também é uma festa temática. O novo ano sempre representa recomeço e esperança. Então, vista-se de acordo. As pessoas costumam usar as cores que simbolizam desejos que gostariam de ver realizados no ano que se inicia. O branco é para quem quer sobretudo paz e harmonia; o amarelo, para atrair dinheiro e prosperidade; o azul traz trabalho; e o verde, esperança. E o rosa? Ah, o rosa sugere que a pessoa está ansiando por um grande amor. Preto nem pensar; ele retém as energias, tanto as boas como as ruins. E você não quer começar o ano impregnada de energias ruins, quer? Então, na próxima festa de Réveillon, pense bem na roupa que vai usar.
- **Religiosa (primeira comunhão, batizado, *bar mitzvah* etc.):** não preciso nem dizer que nesse tipo de comemoração todo respeito é pouco. Nada de usar roupas curtas, transparentes ou extravagantes demais. Seja discreta e opte por tons pastel, pois combinam mais com a energia de "elevação espiritual".
- **Casamento:** uma festa formal. Em geral, o maior pecado de algumas jovens é vestir qualquer coisa, sem preocupação (acho que elas pensam que não serão notadas, pode?). A dica aqui é definitiva: nunca vá de qualquer jeito a um am-

biente onde haverá fotógrafos registrando o evento. As fotos ficarão imortalizadas e seu estilo "eu vou assim mesmo" também. Pode acreditar! Além do mais, essas fotos costumam passear pela casa de todos os parentes, os que foram e os que não foram à cerimônia. E você vai estar lá com os cabelos molhados e com um jeans surrado!!!

- **Formatura ou debutante:** ambos são eventos comuns na adolescência e, a meu ver, muito parecidos também. Costumam começar a causar ansiedade dois meses antes. O traje comum dessas supernoitadas é black-tie para os homens e vestido longo para as mulheres, que gastam semanas imaginando e procurando uma roupa adequada para fazer bonito ao lado do seu par.

Quando estiver em busca de seu vestido de gala, lembre-se de que ele precisa ter o seu estilo. Você deve se sentir à vontade com ele. Ao se deparar com um vestido que julgue ideal, faça a si mesma a seguinte pergunta: Eu iria com este vestido à festa da entrega do Oscar? Isso mesmo, é bem esse o clima. O sapato e a bolsa (pequena, para levar apenas o batom e as chaves) devem estar absolutamente em harmonia entre si e com o vestido.

Cuidado com os vestidos de manga bufante e saias excessivamente rodadas, do tipo princesa. Além de não combinarem com a sua realidade, você ainda corre o risco de parecer um suspiro!

Horário

O horário da festa não é importante apenas para garantir a pontualidade. Ele passa outras informações subliminares, por exemplo, como se vestir e se maquiar. Se o evento for pela manhã, a maquiagem pode ser perfeitamente dispensada e a roupa pode ser casual.

No período vespertino, seu traje vai depender da hora, se perto do almoço ou mais para o fim da tarde. Para um almoço festivo, um belo vestido com comprimento até o joelho, uma bolsa pequena ou média e uma sandália, tudo combinando com acessórios (pulseira, colar ou brincos). Para uma festa de fim de tarde, vestidos leves e com estampas florais caem bem. E ainda: saltos baixos, bolsa pequena e cabelos soltos. Nada de brilho, maquiagem ou penteados extravagantes.

As festas noturnas merecem um pouco mais de atenção: maquiagem, ainda que levíssima, cabelos bem cuidados e penteados (uma escova básica pode deixar os fios com ótima aparência!). E a roupa? Deve ser um pouco mais formal, um vestido preto ou um conjuntinho de casaco e calça em tom pastel, ou ainda uma bela saia preta com um corpete bordado com miçangas. Tudo isso adequado ao seu estilo, é claro. Ah! Salto alto também fica muito bom com looks formais.

Ir a uma festa, seja qual for, com os cabelos molhados, escorrendo água pelas costas e ensopando toda a blusa. Aprendi com a mãe de uma amiga que, além de ser falta de educação, é também falta de consideração com os anfitriões.

Cuidado com os vestidos rodados. Você pode ficar parecendo um bolo de noiva!

! Faça as perguntas certas: horário, local, tema etc. Só assim você poderá se preparar e arrasar na festa.

! Nas festas mais formais, o bom companheiro é mesmo o pretinho básico. O comprimento no joelho é ideal para deixá-la elegante, porém discreta!

! Vestido da estação, de preferência de estilista famoso, é tudo de bom! Mas tome cuidado: o vestido tem de lhe cair bem e você deve se sentir à vontade ao usá-lo, ok?

Como vai o estilo do gato?

E um dia aconteceu. Depois de inúmeras investidas, aquele gato maravilhoso reconheceu seus esforços e a convidou para um cineminha. Maravilha!!! A produção vai começar. Corpinho hidratado e cheiroso, cabelos limpos e devidamente penteados, maquiagem leve — do tipo "acordei assim, sabe?" — e, por fim, aquele vestido lindo (o gato não pode nem desconfiar que você ficou horas na loja até escolhê-lo).

E, depois de muita ansiedade, chega a hora. A campainha toca e você começa a tremer. Seu irmãozinho todo sujinho de chocolate corre para abrir a porta (ele mal sabe falar!) e você já está quase desmaiando. Calma!!! É só um primeiro encontro. Lembre-se de que do outro lado tem uma pessoa como você. Ele também teve dúvidas ao se arrumar, também está ansioso, nervoso com o fato de sair pela primeira vez com a menina que, entre todas do colégio, escolheu, ou vice-versa, para ir ao cinema (e depois, possivelmente, namorar!).

Ele está na sala, esperando. Desça logo, antes que seu irmãozinho — todo melado de chocolate — se sente no colo do gato. Além de não ser nada educado deixá-lo esperando.

Quando você finalmente aparece, a cena é de chorar. O príncipe virou sapo. Está com camiseta do Timão, e você torce pro Verdão (só pra começar), calça de moletom azul-marinho, tênis branco encardido (do tipo "nunca vi água!") e meia preta. Não!!! Mil vezes não!!! Tênis branco com meia preta é o fim do mundo. A impressão que dá é que ele foi levar o cachorro para passear e se esqueceu de trocar de roupa para o encontro.

Acalme-se, respire fundo. Nem tudo está perdido. Quem sabe seu irmão mais velho não tem uma roupinha que sirva nele?! É brincadeira, nem se atreva a insinuar uma coisa dessas, pois, se depois disso tudo, você ainda estiver a fim de ficar com o garoto, é melhor se controlar. Caso ache impossível sair com ele daquele jeito, fique em casa, lhe ofereça algo (refrigerante, sorvete etc.), invente uma boa desculpa para adiar o programa. Seja esperta, contorne a situação sem que ele perceba o que está de fato acontecendo.

Passado o susto, sugira outro encontro e, dessa vez, diga a ele que você vai buscá-lo. Assim você poderá perceber se ele não tem roupas adequadas ou se é mau gosto mesmo. Se tiver liberdade com ele ou com a família dele, tente ajudá-lo na escolha da roupa. Sugira combinações que funcionem. Caso não tenha essa intimidade toda, dê aquela "direta": "Sabe aquela sua calça... com aqueles bolsos? Ficaria ótima com a camisa tal, que deixa você um gato!" Acho que entendeu, né? Pois é, agora é só pôr em prática.

A mulher que sabe falar, se impor, pedir com jeitinho, sempre consegue chegar aonde quer. Mesmo que o homem ache que está fazendo o que quer, sabemos que não é bem assim.

Mas sua aversão ao estilo dele deve permanecer oculta; se ele perceber que você não gosta do jeito como ele se veste, certamente vai ficar magoado e seu namoro pode não vingar. Cuidado!

Ajude-o a exercitar e aprimorar o bom gosto. Faça compras com ele, ensine-o a combinar as peças, a usar a calça na altura certa — nem "jeca" nem "homem-cueca". Você vai ver que, aos poucos, ele vai entrar na sua. Não é necessário estresse. Com um pouquinho de boa vontade, você resolve a situação. De "ficante" poderá se tornar a namorada oficial, e todos perceberão as mudanças (ótimas, eu espero!) que você fará no visual dele. Pode acreditar.

✗ Perder a classe no primeiro encontro.

★ Calça jeans com camisa de gola polo.

Camisa do time do coração.

Tênis branco e meia preta.

! Não esnobe o gato só por causa da roupa. Isso se resolve. Leve em conta os sentimentos dele.

PARTE 2

Não abuse, use

Cecê não dá!

Era inverno em Paris. Eu estava de férias e resolvi conhecer a cidade de metrô — o melhor do mundo. Sozinha e encantada com as coisas e as pessoas (lindas!) que estava vendo, nem notei que a estação onde deveria descer já havia ficado para trás; afinal, observava atentamente as pessoas e seu comportamento. Era tudo tão elegante, tão chique, e eu ali, encantada.

Até que em determinado momento entrou no trem uma moça muito bonita, bem-vestida, mas o que imediatamente me chamou a atenção foi sua semelhança com a atriz principal da série *La femme Nikita* (coincidentemente também francesa). Ela se sentou ao meu lado e logo minha visão lírica da viagem mudou. A garota tinha um cheiro insuportável de cecê! Um verdadeiro horror! A visão do inferno, ou, melhor dizendo, o fedor do inferno!!! Foi uma experiência terrível, e até hoje tenho curiosidade de saber há quantos dias ela não tomava banho ou trocava de roupa.

Mas, se você tem algum problema nesse sentido, não se desespere. Saiba que na adolescência, fase em que vivemos momentos de muita ansiedade, as glândulas que liberam o suor alcançam seu ponto máximo de atividade, como ocorre com adultos quando estão tensos ou estressados. O suor é um mal necessário, pois ajuda a controlar a temperatura corporal. O corpo humano é composto majoritariamente de água. A quantidade de suor é maior nas axilas, porque existe um número maior de glândulas embaixo do braço. Sendo assim, a quantidade de bactérias também é muito maior nessa região. E o acúmulo de bactérias é o grande causador do mau cheiro. As que ali se encontram funcionam como uma proteção natural do corpo, porém o metabolismo delas provoca o cheiro forte.

Para não passar por constrangimentos, como no caso da "mademoiselle fedentina" do metrô, é preciso se cuidar. Mantenha as axilas depiladas, limpas, use desodorante diariamente, com ou sem perfume, e sabonete antisséptico para ajudar a controlar a proliferação das bactérias. Caso nada disso resolva e você continue com cheiro ruim embaixo dos braços, procure um médico dermatologista. Ele poderá indicar pomadas ótimas que, com certeza, resolverão o problema.

Ter consciência e procurar ajuda é uma atitude muito corajosa. Conheço algumas pessoas que nem se tocam da existência do nariz dos outros e, quando alguém dá uma indireta ou toca no assunto, fingem que não é com elas. "Enfim, o problema é do nariz do outro e não do meu." Procure não agir dessa forma, pois pode lhe custar algumas amizades e talvez até um namorado.

✗ Não usar desodorante, perfume ou protetor solar.

↗ Usar cosméticos étnicos — aqueles elaborados especialmente para as características particulares de cada etnia — ou feitos para pele jovem, como a sua.

Pelos nunca mais!

Se você também acha que se depilar é uma tortura, seja bem--vinda ao clube. Eu particularmente sempre odiei depilação; vivo pensando quem foi — na verdade, praguejando contra — a adorável criatura que deduziu que mulher, para ficar bonita, precisa ser lisinha. Eu tinha certeza absoluta de que essa era uma invenção masculina. Não é que eu me enganei?

Diz a lenda que Cleópatra, a própria, a rainha do Egito, chegou à conclusão de que uma mulher sem pelos era mais sexy do que uma mulher Monga (aquela que se transforma em gorila no circo). Aí ela mesma se submeteu a diversos testes até chegar a uma das fórmulas mais usadas no Brasil, quiçá no mundo: limão com mel, a base da cera quente usada ainda hoje.

Eu sei que muitas leitoras vão ficar admiradas pelo fato de Cleópatra ter sido uma mulher moderninha e à frente do seu tempo. Mas, vamos combinar?, eu sempre achei muito primitiva essa coisa de espalhar cera quente pelas pernas, axilas e virilha para em seguida uma depiladora com mãos enormes arrancar a cera já endurecida. Devo admitir que funciona, e os resultados são realmente bons; ficar quase um mês longe dos pelos faz valer a pena o sofrimento.

Ainda bem que vivemos em um tempo no qual somos privilegiadas com uma série de aparelhinhos mágicos que, além de nos trazerem conforto e comodidade para resolvermos nossos problemas estéticos, podem nos livrar deles para sempre! Imagine a cara da Cleópatra se pudesse ver uma sessão de depilação a laser? Ela iria pirar!

Como, infelizmente, Cleópatra não poderá se beneficiar desses brinquedinhos tecnológicos, então é com você, amiga. Escolha um método e fique linda e lisinha, livre dos pelos grosseiros.

- **Aparelho de barbear:** fácil de usar e disponível em qualquer supermercado ou farmácia, é o grande salvador da pátria nas horas de aperto. Ele a socorre a qualquer momento e em qualquer situação. Rápido e indolor. Mas retira os pelos apenas superficialmente, por isso em menos de quatro ou cinco dias eles estão de volta. Ao usar esse método, temos a impressão de que os pelos engrossam, porém não é verdade; é que, cortados na superfície, eles ficam com a aparência de mais grossos. Por esse motivo, eu não recomendo o método a garotas que ainda não se depilaram. É melhor começar por um método que diminua a quantidade de pelos.

  Desagradável também é a irritabilidade que os aparelhos de barbear causam em peles sensíveis, que podem ficar com bolinhas vermelhas e ligeira coceira após a depilação.

  Vale lembrar que não se deve usar aparelho de barbear de terceiros, porque ele pode ter entrado em contato com o sangue do outro, além de não ser higiênico. Mas não é só: o aparelho deve ser reutilizado, no máximo, quatro vezes e, depois, lixo. Mesmo que pareça novinho, já existem alguns milhares de bactérias se reproduzindo ali. Outro problema é a lâmina estar cega ou com ferrugem, e isso pode causar uma infecção, caso você se corte. Sei que pareço trágica, mas com essas coisas todo cuidado é pouco.

- **Cera quente:** você pode fazer em casa ou no salão. Meu conselho é ir ao salão até se habituar à dor (meninas, eu não vou mentir; dói muito!) e entender bem como o processo funciona. Eu já vi garotas sem prática em depilação com cera se queimarem ou grudarem cera até nos cabelos, fazendo a maior bagunça e sem conseguir arrancar um único pelo sequer.

  O método é simples: a cera quente dilata os poros e, quando esfria, gruda nos pelos, que são retirados facilmente. E, por serem arrancados pela raiz, eles demoram a crescer e às vezes nem voltam. Nota-se que com o tempo vão ficando mais finos. A tendência a longo prazo é a redução dos pelos na região depilada.

  A cera quente é ótima para quem quer ficar sem pelos por mais tempo; o resultado pode durar de quinze a trinta dias, dependendo do organismo de cada uma.

  A questão da dor também é relativa; algumas pessoas, como eu, são mais sensíveis, e outras, sortudas, menos.

  O inconveniente desse método são os pelos encravados. Há grande possibilidade de aparecerem com o passar do tempo. Algumas depiladoras costumam resolver o problema retirando-os com uma pinça, mas nem sempre funciona.

- **Cera fria:** usa-se um pedaço de papel-celofane para espalhar a cera e retirá-la. O processo é muito rápido, e a pele fica lisinha. A diferença da cera quente para a cera fria é que neste método não há o processo de dilatação dos poros antes da remoção dos pelos, e isso pode levar a maior dor.

Há quem prefira cera fria. Os resultados são quase os mesmos, tanto no tempo de duração como no aparecimento de pelos encravados.

- **Cremes depilatórios:** ótimos para quem não quer sentir dor e deseja um resultado mais prolongado. Espalhe o creme nas áreas indicadas na embalagem do produto (o ponto negativo dos cremes depilatórios é que não podem ser usados em regiões de mucosas, como rosto, lábios vaginais etc.); espere o tempo necessário (cada produto tem um tempo específico de ação, normalmente cinco minutos) e retire com uma espátula. Os resultados podem durar até dez dias. Não existe comprovação da diminuição ou do afinamento dos pelos. Porém é um processo rápido, barato e indolor.

É importante seguir detalhadamente as instruções de uso do produto, que devem constar da embalagem, com explicações claras sobre o que fazer em caso de reações indesejadas, como alergia.

- **Laser depilatório:** vou começar contando a verdade sobre a depilação definitiva: ela não existe. Desculpe decepcioná-la, mas ainda não é desta vez que você vai se livrar dos pelos para o resto da vida. O laser é um grande avanço, sim, mas o aparecimento dos pelos é orquestrado pelos hormônios, portanto eles podem voltar. Isso vai depender de fatores hormonais.

O aparelho de laser usado no Brasil, em geral, é o diodo. A depilação é feita por região, e são necessárias pelo menos quatro sessões para obter o resultado pretendido.

As sessões são rápidas, e o laser causa apenas um desconforto, não necessariamente dor. É como se um pequeno choque quente fosse lançado em sua pele, mas é suportável mesmo sem creme anestésico, que, em alguns casos, é indicado.

O laser age diretamente na melanina e, para que sua eficácia seja garantida, a pele precisa estar clara e os pelos devem ser escuros. O laser ainda não consegue retirar pelos brancos, por exemplo. Essa técnica não é indicada caso a pele esteja bronzeada.

Alerta: durante o tratamento, a paciente não pode tomar sol nas áreas depiladas, nem fazer depilação com cera ou cremes depilatórios, apenas com aparelho de barbear. Outra contraindicação são tratamentos de pele com ácidos. Eles podem reagir negativamente se utilizados com o laser e até causar manchas e queimaduras.

! Seja qual for o tipo de depilação que escolher, nunca tome sol imediatamente depois.

! Use sempre muito filtro solar.

! Após a depilação, não passe creme hidratante que contenha álcool na fórmula.

! Em caso de irritação da pele após a depilação, faça compressas de chá de camomila e aplique-as no local. Se a irritação não diminuir, procure um médico dermatologista.

Perfume, que cheiro é esse?

Uma mulher que não usa perfume
não tem futuro.

— Coco Chanel, estilista francesa

É isso mesmo, Chanel era uma mulher maravilhosa! Foi uma das maiores estilistas do mundo, e seu perfume Chanel nº 5 é reconhecidamente um dos mais famosos do planeta. Ela sabia das coisas.

O perfume é a marca registrada da mulher. Ele ajuda na construção de sua imagem. Usado com inteligência e sabedoria, pode tornar sua presença inconfundível e inesquecível.

Todas nós devemos ter um cheiro característico, por meio do qual seremos sempre lembradas. Um aroma que seja um prolongamento da personalidade e a faça ser lembrada mesmo quando você não estiver presente.

E essa não é uma escolha simples. Existem vários tipos de fragrância, e é preciso conhecê-las antes de tomar uma decisão.

- **Floral simples:** tem como base da essência um tipo de flor (rosa, jasmim, violeta etc.).
- **Chipre:** é amadeirado, em geral para o público masculino.
- **Frutal:** misto de aroma de frutas (morango, pêssego, laranja, limão ou outras).
- **Buquê floral:** mistura de várias flores em sua fórmula.
- **Oriental:** sensual, quente, composto de almíscar e flores.
- **Misto:** uma supermistura de flores, frutas, especiarias. Tem um aroma difícil de decifrar.

Como encontrar o seu?

É preciso experimentar, pois o cheiro pode mudar conforme a química da pele de cada pessoa. Não compre o perfume da amiga porque você adora quando ela o usa. A pele dela é diferente da sua, e o efeito também não será o mesmo. Lembre-se de que perfume bom é aquele que combina com você e principalmente com a sua pele.

No ato da compra, não é bom experimentar mais de três fragrâncias, pois você vai confundir seu olfato e poderá fazer a compra errada. Se for necessário escolher entre vários perfumes, há um truque viável: pegue uma pequena quantidade de pó de café e coloque em um pires. Entre uma prova e outra, cheire um pouco do café. Depois experimente outro aroma. Isso vai ajudá-la a distinguir um perfume do outro e, com certeza, você vai fazer a escolha certa.

Não existem perfumes corretos para cada estação. A regra é a seguinte: no verão, diminua a intensidade, mas, no inverno, você pode abusar um pouquinho, desde que tenha bom senso; cuidado para não matar ninguém de alergia.

A pele seca retém menos o aroma que a oleosa, por isso deve receber maior quantidade de perfume.

Nunca passe perfume para tomar banho de sol, seja na praia ou na piscina; isso poderá comprometer a saúde da sua pele. Em contato com o sol intenso, o perfume pode causar irritação ou manchas.

✗ Usar sabonete com aroma e desodorante com perfume juntos. Vai haver um verdadeiro banzé de fragrâncias no seu corpinho.

Tatuagens e piercings

Tatuagem

E um dia a moda pegou... Por volta da década de 1950, aparecia nos filmes americanos uma nova moda — a tatuagem —, e, quem diria, aquele estilo considerado subversivo e socialmente inadequado ganhou força e sobreviveu até os dias de hoje. Classificada como "coisa de marinheiro", tomou as ruas do mundo inteiro e o corpo de milhares de pessoas.

A tatuagem sempre foi — e ainda é — sinônimo de rebeldia. Por isso, muitas pessoas optam por desenhos chocantes. Mas hoje as garotas, em especial, estão escolhendo desenhos mais leves, meigos e artísticos.

Por ser permanente, se você quiser fazer uma, deve refletir longamente sobre o assunto, pois uma decisão tomada por impulso pode causar muito arrependimento depois. Na hora de definir o desenho, procure algo que retrate sua personalidade e seu estilo. Quanto maior sua afinidade com a imagem, menores as chances de vir a odiá-la uma semana depois.

A opinião de seus pais também é muito importante. Não faça algo que eles desaprovem profundamente; isso poderá lhe causar problemas sérios por toda a juventude. É melhor fazer concessões do que causar um grande aborrecimento que pode atormentar e dificultar sua convivência em família.

Minha amiga, só um deslize você não pode cometer: tatuar o nome do seu gatinho ou símbolos que representem religiões ou ideais dos nossos rompantes da juventude. O mundo dá muitas voltas, e o seu grande amor de hoje poderá ser sua maior frustração de amanhã. Nós mudamos muito, acordamos diferentes a cada dia, aprendemos coisas novas e revemos nossos conceitos constantemente. Por isso, é melhor não. Deixe o nome do gato anotado na agenda e seus ideais no coração na hora de fazer uma tattoo.

Outra dica importante é verificar se os materiais utilizados pelo profissional estão esterilizados, pois entram em contato com o sangue e podem transmitir doenças infectocontagiosas.

A tatuagem só pode ser removida com cirurgia plástica, dermoabrasão ou laser, que custam muito mais caro que a tattoo. E esse é mais um motivo para tomar uma decisão bem pensada.

E se você já tem uma ou mais tattoos e pretende fazer mais alguma, cuidado para não perder o referencial estético. Afinal, você não quer parecer uma página de história em quadrinhos, quer?

Se você não tem certeza se quer uma tatuagem permanente, ou gostaria de uma de brincadeirinha por pouco tempo, então existe outra opção, a de hena. Ela pode ser usada para fazer vários tipos de desenhos e não dói; é como uma tinta, porém sua duração é de mais ou menos um mês. Eu já fiz várias e me diverti bastante. Já a definitiva, nem pensar! Não consigo planejar como será a minha vida daqui a seis meses; como poderia, então, optar por algo para a vida toda?!

Piercing

O piercing é uma invenção mais recente; apareceu na década de 1990 e logo conquistou jovens no mundo inteiro. Ele não é recomendado pelos médicos a adolescentes, pois pode prejudicar as partes do corpo que ainda estão em fase de desenvolvimento — umbigo, mamilos, língua.

Na língua, por exemplo, causa mau hálito, dificulta a fala, é de difícil cicatrização, além de exigir algumas precauções até que o local se recomponha:

- Não beijar.
- Não fumar.
- Não ingerir bebidas alcoólicas.
- Não comer alimentos ácidos nem apimentados.

Em todo caso, não deverá ser retirado antes da total cicatrização, pois o buraco pode fechar e você terá de passar pela infeliz experiência de fazer um novo furo.

Não use pingentes pesados, sobretudo no umbigo; eles podem até rasgar sua pele caso se enrosquem no lençol enquanto você dorme. Cuidado!

O piercing pode ser usado sem maiores problemas nas orelhas, nas sobrancelhas e no nariz.

A limpeza do piercing também é muito importante para evitar inflamações. Retire-o pelo menos uma vez por semana, use sabonete antisséptico, lave bem o local e o pingente, depois enxágue bem e recoloque-o. Não use álcool nem pomadas, principalmente sem recomendação médica, pois poderá piorar muito uma possível irritação.

O piercing não é algo permanente como a tatuagem. Se você retirá-lo, depois de algum tempo o buraco se fecha e não vai sobrar nem vestígios de que um dia um piercing habitou aquele lugar.

Eis mais alguns cuidados a ser tomados logo após a colocação do piercing:

- Tomar banho com sabonete antisséptico e água morna.
- Girar delicadamente o piercing enquanto estiver no banho.
- Remover as secreções com cotonete.
- Borrifar spray antisséptico de três a quatro vezes ao dia.
- Não nadar no mar nem na piscina.
- Não tomar sol.
- Evitar ficar mexendo no piercing.

Não espere recuperação relâmpago; dependendo do local, a cicatrização completa pode levar de três meses a um ano. Depois tudo volta ao normal.

! Tanto o piercing como a tatuagem são proibidos para menores de 18 anos. Antes de decidir, procure um especialista para tirar as dúvidas.

! Nunca faça uma tatuagem por impulso; você poderá se arrepender muito antes do que imagina.

Etiqueta: seu manual de instruções

Se você pensa que só eletrodoméstico vem com manual de instruções e sente frio na barriga ao pensar que terá de decifrá-lo, é melhor mudar sua maneira de pensar. É, minha querida, roupa também vem com manual de instruções. E raramente as pessoas notam. A etiqueta, com a composição do tecido — 100% algodão, por exemplo — e as instruções de lavagem, é seu manual. Ela contém informações importantes sobre o tipo de tecido — antialérgico ou não, sintético ou natural, constituído de uma ou mais fibras —, CNPJ da empresa fabricante da roupa e modo de conservação.

Mas para que servem tais informações? Aquelas sobre o tecido servem, basicamente, para que os alérgicos a determinado tipo de fibra fiquem cientes de que a peça contém ou não tal fibra. Quanto ao CNPJ, ele é o número de identificação da empresa que produz a roupa. Em caso de irregularidades, é possível localizar o responsável pela produção.

A etiqueta com as instruções de lavagem é a mais complexa e a menos respeitada pelos consumidores. Contém as dicas para uma ótima conservação do tecido. Seguindo-as corretamente, você vai aumentar, e muito, a vida útil das suas roupas. As orientações de como lavar, secar e que produtos de limpeza usar são resultado de pesquisas em laboratório, feitas normalmente pelos fabricantes dos tecidos, que os submetem a vários testes para lhe oferecer um produto de boa qualidade, duradouro. E o que você faz? Corta a etiqueta sem nem ao menos dar uma lida antes de jogá-la no lixo.

É certo que antes ela vinha com alguns símbolos indecifráveis, mas agora você não tem desculpa. O Inmetro exige que todas as etiquetas com informações sobre a peça venham com a simbologia e as orientações por escrito, ou pelo menos a última opção. Se mesmo assim você continua achando difícil entender, então dê uma olhadinha no exemplo:

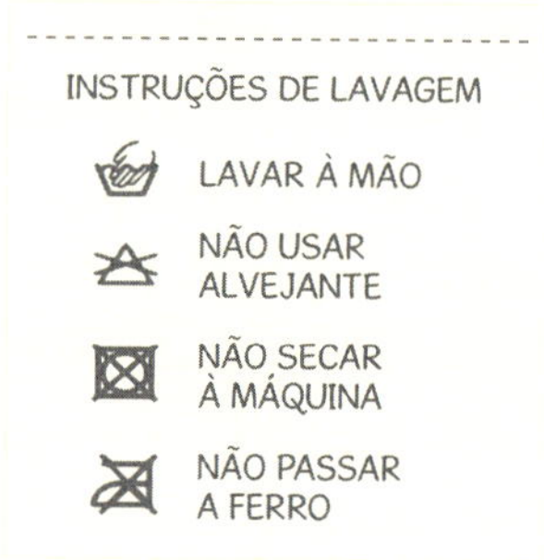

Essas são as informações que devem constar na etiqueta. Se estiver faltando alguma coisa, chame o vendedor e pergunte. Se ele não souber responder, deixe bem claro que, qualquer problema que ocorra por falta da informação, você trocará a peça. Outra opção é não levar a mercadoria.

As instruções de lavagem variam conforme o tecido. É necessário segui-las corretamente, pois o fabricante testou a reação do tecido a cada tipo de lavagem. Se ele disser para não lavar na máquina, não lave mesmo, porque o resultado da sua teimosia pode ser uma peça cheia de pilling, manchada ou esgarçada.

Outra monstruosidade é colocar roupas delicadas na máquina de secar. Não faça isso! Suas blusinhas podem virar pano de chão. Depois não adianta reclamar. Peças estragadas por desrespeito às instruções de lavagem não são trocadas, e você vai arcar com o prejuízo.

Se a pessoa que lava suas roupas também não tem o hábito de ler as etiquetas, explique a ela como fazer para que as roupas tenham vida longa. Tenho certeza de que seu bolso vai agradecer.

Jogar todas as roupas na máquina de lavar ou secar.

Ler e seguir o que diz a etiqueta.

Lingerie

Aí está um item do vestuário feminino que me intriga. Quando se trata de calcinha e sutiã, as opiniões sobre o assunto saltam de um extremo a outro. A garota gosta muito, ama de paixão ou não liga nem um pouco.

Porém é um erro não ligar. Na era top model, em que nove entre dez meninas querem ser modelos, é muito importante estar sempre pronta para ficar sem roupa na frente de alguém. Testes e provas de roupas são frequentes nessa carreira, e eu já vi muitas meninas perderem trabalho por não estar com as roupas de baixo em dia. Ou, pior, usando uma calcinha velhinha, toda esgarçada e até com furos. Que horror! Mas, acreditem, eu já vi.

Na minha modesta opinião, não existe pior demonstração de desleixo que uma mulher pode dar. Minha amiga, jogue fora aquela lingerie surrada que você insiste em dizer que só usa para dormir, mas constantemente se esquece disso e sai com ela até para namorar. Credo!!!

Você também não precisa ser do tipo "colecionadora", que para cada roupa ou ocasião usa um conjuntinho diferente. A preocupação em excesso pode transformá-la em uma pessoa obsessiva. Lembre-se de que o exagero não é saudável. Todo tipo de obsessão, seja por sapatos, meias ou lingerie, pode fazer você deixar de enxergar outras coisas e se concentrar somente no objeto do desejo.

O essencial é estar sempre renovando o estoque de calcinhas e sutiãs.

Lavá-las adequadamente também é muito importante, por dois motivos. O primeiro, e fundamental, é a higiene. Se sua calcinha estiver limpa, menor o risco de infecções ou corrimento. Mas o que é corrimento?

Nós, meninas, temos uma secreção clarinha, chamada muco cervical, que sai da vagina. Parece clara de ovo, normal desde que seja límpida, incolor e sem cheiro. Quando esse muco adquire coloração, normalmente amarela, pode significar infecção. Esse é o corrimento. Nesse caso, procure um ginecologista, para que ele possa orientá-la sobre exames e tratamentos — mesmo que você seja virgem. Alguns fatores podem propiciar o aparecimento do corrimento: calcinha mal lavada, calça jeans muito justa ou calcinha com forro de tecido sintético, que faz a vagina suar, ocasionando coceira e mal-estar.

O outro motivo para lavar suas lingeries é a conservação das peças. Sutiãs com aros não devem ser lavados na máquina, pois os aros entortam ou saem do viés. Lave-os à mão para lhes garantir vida longa. Calcinhas podem ser lavadas na máquina, porém é recomendável que você faça uma pré-lavagem no chuveiro enquanto estiver tomando banho. Assim você pode tirar a sujeira mais grossa, e a máquina fará o restante do trabalho.

A escolha do tecido da calcinha também é muito importante, pois nos últimos anos os médicos ginecologistas têm afirmado que a lingerie de tecido sintético faz mal à saúde íntima da mulher. Não existe nada confirmado ainda, mas, de qualquer forma, o cotton vem sendo o material preferido das garotas. Além de ser antialérgico, é mais confortável.

Agora, no quesito estética, o sutiã, por exemplo, pode ser um grande aliado para as eternas insatisfeitas com os seios: realçar, disfarçar, aumentar ou levantar. É só escolher o melhor modelo e abusar. Alguns tipos:

- **Com aros:** serve para moldar os seios, dar forma.
- **Com aros e bojos de espuma:** serve para moldar, realçar e levantar os seios.
- **Com aros e bojos de óleo ou gel:** ideal para meninas com seios pequenos, pois modela e dá volume.
- **Sem aros:** serve para sustentação ou simples acomodação. É ótimo para quem já tem seios grandes.
- **Faixa ou top:** maravilhoso para a prática de esportes. Já existem tecidos que secam rapidamente o suor e são antibacterianos — é a tecnologia a favor do nosso bem-estar. Tudo para facilitar a prática de exercícios físicos, fundamentais para uma vida saudável.
- **Com fivela para regular a distância entre os seios:** pode levantar e aumentar o volume, dependendo da regulagem.
- **Calibrado:** tem uma bombinha acoplada a uma válvula que se liga a dois saquinhos plásticos colocados nos bojos. Esses saquinhos são calibrados com ar, conforme a preferência da "freguesa". Para esvaziá-los, basta apertar a ponta da válvula. Parece pneu de carro, né?
- **Cruzado nas costas:** ideal para usar com blusas decotadas e regatas.

- **Com alças de silicone:** indicadíssimo para quem quer usar blusinha de alça e não pode dispensar o sutiã; é delírio nacional.
- **O exibido:** aquele que pode compor o look; normalmente é de tecido plano — tricoline ou brim —, contém estampa ou padronagem e pode aparecer à vontade. Mas cuidado! Cabe aqui uma recomendação: nem pense em usar uma lingerie transparente nesse caso. Vai ficar horrível e acabará com toda a produção.

Uma última observação: garotas com seios muito grandes devem usar sutiãs de sustentação, feitos de cetinete — um tipo de tecido sintético grosso — e com o elástico das alças mais reforçado.

Cuide bem das suas lingeries e nunca se esqueça de checar se estão em bom estado, para você não pagar mico se alguém a avistar apenas de calcinha e sutiã. Afinal, imprevistos acontecem, e você deve estar minimamente preparada. Fique ligada!

A lingerie de algodão é recomendada pelos especialistas e mais confortável.

Nunca saia de casa despreparada; você deve evitar surpresas desagradáveis.

Sandálias e cuidados com os pés

No volume 1 da série *De menina a mulher*, conversamos um capítulo inteiro sobre sapatos. Neste, vou falar sobre o fetiche do verão: as sandálias.

Antes, porém, conversemos sobre seus lindos (assim espero) pés. Verdadeiros heróis do dia a dia, eles a carregam de lá pra cá, sofrem todo o atrito com o chão, ficam próximos de todas as impurezas possíveis, suportam todo o seu peso e só têm folga quando você dorme.

Cuidar dos pés significa que você é uma garota sempre atenta à sua saúde. Trate deles com carinho, faça massagem, leve-os à podóloga, à pedicure, coloque-os de molho pelo menos a cada quinze dias, cuide das unhas encravadas. Enfim, tudo de melhor para os seus eternos companheiros de estrada.

A massagem é muito importante, porque os deixa relaxados e hidratados. Faça o seguinte: todos os dias, antes de dormir, pegue um creminho hidratante perfumado — assim ficarão cheirosos —, passe nas áreas mais ásperas e massageie cada pé por pelo menos cinco minutos. Não é necessário usar muito produto, somente o essencial para hidratar todo o pé. Após a massagem, coloque uma meia para dormir. Na manhã seguinte, seus pés estarão prontos para um novo dia.

A ida à podóloga — especialista que cuida dos pés, tira calos, desencrava unhas e trata micoses — é muito importante.

Na fase "tênis total", pela qual toda adolescente passa, é normal o aparecimento de calos.

O acompanhamento de uma boa pedicure também é fundamental para a beleza dos pés. É ela quem vai limpar as unhas, retirar o excesso de cutícula e lixar as partes ásperas dos pés. Além disso, ela também pinta as unhas, o que deixa os seus pés lindos e na moda.

Dicas importantes

- Nunca corte as unhas muito fundo nos cantos, pois podem encravar. Deixe-as sempre quadradinhas, para não correr o risco de sentir dor ao desencravá-las.
- Após o banho, nunca se esqueça de secar muito bem a pele entre os dedos, a região favorita dos fungos causadores de micose.
- O uso contínuo de esmalte pode causar o surgimento de fungos. Alterne a pintura das unhas dos pés, uma semana sim e outra não. Mesmo quando não usar esmalte, não se exima da limpeza dos pés ou da ida à manicure e/ou à pedicure.
- Se você pretende ir à praia no fim de semana, nas férias ou feriado, a dica é: não retire a cutícula nem lixe a planta dos pés pelo menos três dias antes. Assim você vai evitar que fiquem desprotegidos em um ambiente cheio de fungos e bactérias.
- Sapatos apertados ou de bico muito fino são os maiores inimigos dos pés. Fique esperta e evite-os.

- E, por favor, amigaaa! Nada de usar as unhas dos pés compridas nem com o esmalte da semana retrasada. Eca!!! É horrível e os garotos não curtem! Você me entende, né?

Algumas garotas têm os pés muito ásperos. Não se preocupe, dá para resolver isso. Ao lixá-los, use esfoliante e, em seguida, creme hidratante — que pode ser substituído por óleo de amêndoas. Massageie-os por dez a quinze minutos. Depois os envolva com plástico e enrole-os com uma toalha úmida. Deixe por mais quinze minutos. Ao final do processo, eles ficarão supermacios. Faça desse ritual um hábito e o problema vai desaparecer.

E lembre-se de cuidar também daquele cheiro desagradável, o famoso chulé. Já falei muito sobre ele no primeiro volume; espero que você não tenha se esquecido.

Evite constrangimentos: use tênis limpos, talco ou desodorante para os pés. Existe também uma vasta linha de produtos de higiene que você pode e deve usar no tratamento e na higiene dos seus pés.

Sandálias

Agora que você já está com os pés limpos e hidratados, vamos falar das sandálias. Todo verão é assim: a brasileira tira as sandálias do armário e fica com elas até o fim da estação.

Não existem regras. Darei apenas alguns toques, para você escolher a sandália que mais combina com o seu tipo de pé e perna:

PÉS	TIPO DE SANDÁLIAS
DELICADO E MAGRO	Tiras estreitas
LARGO E GORDINHO	Tiras mais largas
TODOS	Tamancos casuais
TODOS	Sandálias de plástico (é preciso tomar cuidado com o suor, que pode provocar chulé)
PERNAS	
GROSSAS	Use sandálias com tiras, desde que não estejam apertadas nos tornozelos; elas farão as pernas parecerem mais finas

Bom, agora é só o verão começar e você já estará pronta. Escolha sua sandália ou seu tamanco supercolorido, afinal essa estação sempre pede cor, muita cor. E divirta-se!

- Sandálias no verão.
- Tamancos no verão.
- Unhas dos pés compridas ou com esmalte vermelhão.
- Usar esmalte roído ou descascado.
- Ir à manicure ou à pedicure pelo menos uma vez por semana.
- Massagear os pés antes de dormir.

PARTE 3

E Deus criou a mulher...

A melhor ou a pior dieta: a escolha é sua

Não precisa se desesperar! Se o assunto é dieta, você é do tipo que quer emagrecer e já tentou de tudo sem sucesso (dieta da lua, da sopa, da saladinha, das frutas, das cores dos alimentos), ou, ao contrário, se sente magra demais e, mesmo comendo sem parar, não consegue engordar? Calma, eu não resolvi tocar no assunto para deixá-la ainda mais "desvairada". Também não vou fazer o jogo do contente e dizer que você está ótima assim mesmo, que não há com o que se preocupar... Muito menos vou passar uma receitinha milagrosa, do tipo "dieta do miojo" — que, aliás, eu adorava fazer, até o dia que me rendeu uma bela anemia! —, para quem quer emagrecer, ou a do sorvete para quem quer engordar, mas acaba sem os nutrientes necessários para ficar saudável. Só quero preveni-la de alguns curtos-circuitos que sua máquina (seu corpo) pode sofrer por causa da má alimentação.

Primeiramente é preciso entender a sua relação com a comida. Você é do tipo que come demais? Ou é daquelas que têm preguiça até de mastigar? Sente prazer quando está na frente de um belo prato, cheio de alimentos saudáveis? Ou só sente esse prazer diante de sanduíches e guloseimas? Você tem um prato favorito? Bate cartão em lanchonetes? Adora comidas naturais (macrobiótica, vegetariana etc.)? Não consegue parar de beliscar o dia inteiro?

Depois de responder a essas perguntas, você provavelmente conseguirá entender no que está errando. O ideal e mais indicado é se comportar de forma moderada, sem radicalismos. É muito bom gostar de comer, mas é necessário saber a hora de parar, ouvir seu corpo dizendo que está saciado, e isso não é difícil. Quando estamos com muita fome, nosso estômago reclama, ficamos fracas e sentimos mal-estar. Quando estamos saciadas, o processo é silencioso, por isso é mais difícil — mas não impossível — perceber, e corremos o risco de avançar o sinal vermelho. Porém, se você prestar atenção, assim que der algumas garfadas na comida, vai notar que, depois de alguns minutos, seu organismo se acalma e você rapidamente se sente satisfeita. Daí por diante é autocontrole. Se você passar muito desse ponto e continuar comendo, será gula.

Pessoas de hábitos alimentares saudáveis tomam um café reforçado pela manhã, comem uma fruta ou duas bolachas antes do almoço, almoçam de forma moderada, fazem um lanchinho à tarde e jantam muito pouco. Não sei se você reparou, mas há pessoas que não param de comer o dia inteiro e mesmo assim são magras. Isso porque não exageram... Quando comem sorvete de sobremesa, servem-se apenas de duas colheres e não do pote inteiro, como às vezes temos vontade. E algumas de nós fazemos isso!

Situações de ansiedade trazem desconforto e fome, muita fome. Na adolescência, esses momentos de ansiedade são constantes, seja por brigar com a família, paquerar um gatinho novo, porque pintou uma festa e você não sabe o que usar, pelo terror do vestibular... Enfim, tudo é motivo para comer mais e mais. Em algumas garotas esse estresse do dia a dia causa justamente o inverso: uma inapetência que não acaba nunca. Enquanto isso, as mães ficam arrancando os cabelos, sem saber o que fazer.

Tudo isso pode ser perigoso; a má alimentação pode levar a distúrbios alimentares sérios e causar doenças que prejudiquem sua saúde de forma irreversível, podendo até levar à morte.

Algumas delas estão relacionadas aqui:

- **Obesidade:** nosso corpo precisa de uma quantidade diária de energia, para que possamos exercer as atividades cotidianas. Essa energia vem dos alimentos que ingerimos. Quando comemos mais do que necessitamos, há um acúmulo de gordura no organismo. Essa gordura não é transformada em energia — NÃO É QUEIMADA PELO METABOLISMO DO NOSSO CORPO. Fica armazenada e, quando ultrapassa o limite considerado saudável, a pessoa se torna obesa. A obesidade acarreta diversos males, como colesterol alto, hipertensão, diabetes, problemas de coluna e cardíacos, entre outros.

  Tratamento: regimes ou até remédios, indicados somente pelo endocrinologista.
- **Anorexia:** é a doença da moda. Oito em cada dez modelos dizem sofrer de anorexia, uma obsessão pelo emagrecimento. A pessoa doente se enxerga gorda, mesmo que não esteja, priva-se dos alimentos, fica angustiada ao ganhar um grama e não consegue nem pensar em comida. Faz regimes absurdos ou até mesmo para totalmente de se alimentar. Um perigo!

  Para a garota com essa doença (as mulheres são a maioria absoluta dos pacientes de anorexia), comer é um transtorno;

ela não tem o menor prazer em saborear um alimento, seja qual for. Eu devo confessar que já fui assim! Se realmente houver necessidade de emagrecer, deve-se procurar um regime que preserve a saúde. Isso é sinônimo de inteligência. Não se impressione se seu namorado ou "ficante" fizer alguma menção a um pequeno excesso de peso. Quando estamos inseguras, qualquer comentário, por menor que seja, desencadeia sérias dúvidas sobre nosso corpo. Começamos a ver "pelo em ovo", literalmente!

É importante lembrar que não se pode fazer dieta por conta própria, muito menos parar de se alimentar.

O assunto é muito sério; procure um endocrinologista. Ele poderá ajudá-la a voltar a se alimentar de forma saudável, sem que você engorde além do ideal para seu tipo físico. O índice de mortalidade em decorrência dessa doença chega a 10% dos casos. E, se você tem uma irmã, prima ou outra pessoa da família que já teve a doença, suas chances de passar pelo mesmo problema são oito vezes maiores. Fique ligada!!!

Tratamento: normalmente a psicoterapia é o mais indicado para a depressão e a angústia que causam a doença. Desaparecendo os sintomas de depressão, a pessoa recupera a autoestima e volta a se alimentar, com orientação médica, de forma correta.

- **Bulimia:** distúrbio alimentar, também muito sério, que envolve comida e sentimento de culpa. A pessoa que sofre desse mal vomita constantemente. É isso mesmo! Em geral, a garota não é obesa, mas pode estar um pouco acima de seu peso normal. Então, passa longos períodos sem se alimentar, achando que isso é regime. Quando resolve comer, exagera. E muito! Come uma quantidade enorme de alimentos, de forma muito rápida, depois de um período de jejum. A compulsão frequentemente é por alimentos hipercalóricos (massa, sorvetes, bolos, pães etc.). Aí já viu, né? Bate a culpa e ela força o vômito com o dedo na garganta ou toma laxante para pôr para fora o que acabou de ingerir.

Tratamento: assim como a anorexia, a bulimia também tem fundo depressivo. É tratada com antidepressivos indicados pelo médico.

Mas quem é o médico que trata essas doenças?

O especialista em obesidade é o endocrinologista. Nome grande e assustador! Mas não é tão ruim assim. Uma visita ao consultório não lhe renderá necessariamente uma receita de remédio. O mais comum é ouvir uma orientação sobre como comer e qual a quantidade ideal de alimentos. Pode ser puramente uma questão de reeducação alimentar. É bacana visitar um endocrinologista antes de começar qualquer regime recomendado pela vizinha ou pela amiga do colégio. A tal dieta pode ter servido para ela, mas as pessoas têm metabolismos diferentes, e nem sempre o que dá certo para uma dá certo para outra. O médico vai pesá-la, pedir exames e concluir se você necessita de uma dieta, de vitaminas ou apenas de deixar de beliscar besteiras o dia todo, ou então, em casos extremos, receitará um remédio.

Vale aqui um lembrete: nunca tome remédios sem prescrição médica. Além de não trazerem resultados positivos, podem prejudicar terrivelmente sua saúde.

Agora preste atenção nas sugestões a seguir. São simples e servem tanto para quem quer perder um pouquinho de peso como para quem quer ter uma alimentação mais saudável.

Estabeleça horários regulares para as suas refeições

- **Café da manhã:** completo, mas evite comer dois pãezinhos!
- **Colação:** apenas uma fruta.
- **Almoço:** uma refeição completa.
- **Lanche da tarde:** pode ser um pedaço de bolo com um copo de suco.
- **Jantar:** uma refeição leve.
- **Ceia:** um copo de leite ou suco; pode também comer uma fruta.

- **O que você deve ingerir menos:** biscoitos recheados, doces, chocolates, balas, sorvetes, pudins e frituras.
- **O que você deve ingerir sempre:** frutas, sucos naturais, mate e água, muita água. Saladas de folhas e legumes são muito saborosas, e é só uma questão de hábito se acostumar a elas. Quanto mais coloridas, mais atraentes ficam. (Humm! Dá água na boca só de pensar em um belo prato de salada.) Na hora da sobremesa (a melhor parte da refeição), procure comer frutas ou gelatina em vez de doces e sorvetes.
- **Cálculo providencial:** para descobrir se está ou não acima do seu peso ideal, a fórmula é:

$$IMC = peso\ (kg) / altura^2\ (m)$$

IMC significa índice de massa corporal. Se você tiver até 15 anos e o resultado for menor que 17,2, você está magra demais; procure um médico para que ele a oriente. O resultado normal para garotas de até 15 anos é de 17,2 a 24,2. Acima disso, você pode estar com sobrepeso ou sofrendo de obesidade. No entanto, na fase adulta, o IMC normal varia de 18 a 24,9.

- **E a dica definitiva:** fique atenta ao lanche no colégio. Não adianta passar fome com regimes perigosos e nocivos à saúde se você "detonar" tudo o que encontrar pela frente na cantina. Essa é a "síndrome do diabo-da-tasmânia": chegar e arrasar com tudo que tiver para comer. Muito cuidado com ela, pois a consequência será, sem dúvida, a obesidade.

Sorriso feliz

Para mim, sorriso é forma de encantamento, sedução. Reflete a alegria da alma. Bom, mas estou falando de um belo sorriso. Agora, se pararmos para pensar em um sorriso banguela, com dentes tortos ou, pior, com dentes amarelos ou até podres... Credo, que horror!!! Não pode ser um bom cartão de visita. Não pode transmitir coisas boas a respeito de ninguém. Certa vez, uma amiga estava procurando emprego e resolveu ir comigo a uma feira de tecidos, para fazer contatos. Você pode não acreditar, mas ela conseguiu um emprego por causa do sorriso! O diretor de marketing de uma das empresas com estande na feira lhe foi apresentado e se encantou com o sorriso largo, simpático, limpo e honesto que ela lhe dedicou. Em seguida, ele disse que precisava de uma assistente e a convidou para o cargo. Pode ter sido um golpe de sorte, mas pelo sim, pelo não...

Convidei o cirurgião-dentista Flávio Carnevale para batermos um papo sobre o assunto. Espero que goste!

Drica: Qual a importância do sorriso?

Dr. Flávio: Ora, ele é fundamental para as nossas relações. Um sorriso bonito influencia os aspectos profissionais, sociais, psicológicos, amorosos, enfim, toda a nossa vida. Todos prestam atenção em um sorriso que demonstre os cuidados de seu dono e que envolvem não só a estética, como também a saúde do indivíduo. Portanto, é de máxima importância preservarmos essa preciosidade expressada pela boca quando falamos e sorrimos. E, para isso, a odontologia colabora cada vez mais com seus avanços de tecnologia e filosofia preventiva. A manutenção da saúde bucal precisa ser entendida, assim como os cuidados para prevenir o aparecimento de doenças, como cáries e inflamações da gengiva, que podem comprometer a beleza de um sorriso. É nesse momento que entra a figura do dentista, que precisa ser encarado, cada vez mais, como um amigo que vai ajudar no ensino de técnicas para a prevenção dessas doenças, e não como aquele profissional que sempre esteve associado à dor e ao sofrimento.

Drica: Mas como? Ir ao dentista não nos faz lembrar automaticamente a anestesia e aquele motorzinho terrível?

Dr. Flávio: Hoje não é bem assim. Os dentistas antenados em técnicas e filosofias mais atuais têm como diminuir todo aquele sofrimento. Primeiro e sobretudo: ele vai ensinar como manter a saúde bucal, higienizando-a da forma correta, ou seja, é preciso saber utilizar o fio dental, a escova e a pasta de dentes.

Drica: Mas isso se aprende?

Dr. Flávio: E como! Existem técnicas específicas para passar o fio dental, fazer a escovação. É preciso saber qual o tipo de escova e de pasta que melhor se adaptam a cada um de nós. E isso só se aprende da maneira correta no consultório do seu dentista. Lembre-se: isso tudo, além de simples e totalmente indolor, é fundamental para manter a boa saúde bucal, bem como o hálito saudável. E, por falar nesse assunto, não há coisa pior do que conversar de pertinho com alguém que tenha mau hálito, não é mesmo? Isso indica que alguma coisa anda errada na boca da pessoa; ela não escova os dentes ou não escova a língua — sabia que a língua também deve ser escovada para uma perfeita higiene? —, ou então, na pior das hipóteses, tem algum problema no estômago. E, dependendo da intimidade que tenhamos, é importante alertá-la. Muitas vezes nem a própria pessoa sabe que tem mau hálito, e uma simples consulta ao dentista pode eliminar todo esse horror.

Drica: Como vimos até agora, uma série de informações foi dada e nenhuma está ligada à dor ou ao sofrimento. Alguém pode questionar: "Mas e se eu já tiver cáries? E se eu já tiver restaurações antigas ou feias que precisam ser trocadas?" Esqueça a possibilidade de seu irmãozinho menor responder: "Bem feito, quem mandou não escovar os dentes?" Algumas soluções podem ser apresentadas, não é, doutor?

Dr. Flávio: Atualmente, o dentista está muito mais preparado para conversar primeiro, para fazer um acompanhamento caso a caso. E a evolução tecnológica dos materiais utilizados em restaurações torna cada vez mais desnecessário desgastar os dentes com a broca. Portanto, a dor praticamente não acompanha mais o tratamento odontológico. Além disso, em breve teremos outros recursos para remover cáries, como laser e um gel que as dissolvam. Mas é claro que ninguém vai esperar e deixar que as cáries continuem a destruir os dentes, não é?

Drica: Por fim, alguém pode dizer: "Mas eu tenho um sorriso feio, meus dentes são escuros, tortos, quebrados e remendados, e as restaurações, escuras!" Meu Deus, que horror! Tudo isso? E lá vem de novo a imagem do "pivete" do irmãozinho dizendo: "Bem feito". E, para piorar, ele tem o sorriso perfeito! Há alguma saída?

Dr. Flávio: Calma. Para tudo há um jeito na odontologia atual. Dentes tortos são alinhados com aparelhos ortodônticos, que estão cada vez mais discretos e quase não aparecem — se bem que algumas pessoas até curtem o visual do aparelho colorido. Dentes escuros podem ser clareados facilmente com um tipo de gel e, o melhor, o tratamento não dói. Para dentes quebrados ou restaurações escuras, existem resinas e porcelanas modernas da cor exata dos seus dentes, que podem tranquilamente ser indicadas na maioria dos casos.

Drica: Depois disso tudo, você pode concluir: "Ah! Então meu sorriso tem jeito! Não preciso ter medo de tratar os meus dentes!" E é isso aí.

Dr. Flávio: Mas não adianta pensar só na estética; é indispensável uma correta higienização — diária — para manter a saúde bucal e o hálito sempre fresco.

Agora, com todo o charme desse novo sorriso, cuidado! Não haverá namorado que resista! E, além disso, você estará vingada do irmãozinho "pivete"!

BOM SORRISO!

Óculoooos...

Usei óculos desde os quatro anos de idade, lentes de contato desde os catorze e, finalmente, a tecnologia acabou com o meu martírio. A técnica revolucionária que acaba com a miopia é chamada cirurgia refrativa. Na minha opinião, um verdadeiro milagre tecnológico.

Passei por essa experiência há pouco e estou muito feliz com a simplicidade e a eficácia da operação. Por isso, resolvi dedicar um capítulo inteiro deste livro para contar como foi minha vivência com os óculos, com as lentes e, agora, como foi fácil me livrar delas.

Os óculos, principalmente os de lentes corretivas, nos deixam com a expressão triste, caída. Se você precisa usá-los, procure fazer a escolha correta. Afinal, eles vão acompanhá-la por longos anos de sua vida, e nada impede que sejam estilosos.

Os óculos devem levantar seu astral, combinar com a maioria de suas roupas, pois você vai estar com eles o dia todo e em todas as ocasiões.

Na hora de fazer sua escolha, leve estas dicas em consideração:

- Dê preferência às armações mais leves e finas.
- A cor da armação deve harmonizar com o rosto e combinar com a maioria de suas roupas.

- Armações ovais sempre ficam bem.
- O arco superior da armação não deve ficar em nível mais alto que as sobrancelhas.
- O arco inferior não deve ficar apoiado nas bochechas.
- Os óculos devem acompanhar o contorno dos olhos e das sobrancelhas.
- As laterais devem se ajustar ao tamanho do contorno do rosto.
- O travessão deve se moldar perfeitamente à curvinha do alto do nariz.
- Armações pretas não ficam bem em meninas de pele muito clara.
- Armações quadradas também são perigosas, pois não ficam bem em qualquer rosto.
- Experimente vários modelos e cores antes de decidir.

Já os óculos de proteção — de lentes escuras — devem ser de boa qualidade. São muito importantes para evitar a exposição dos olhos aos raios ultravioleta. As lentes mais modernas ajudam a filtrá-los.

Muita gente não sabe, mas os olhos devem ser protegidos sobretudo no verão. Podem ficar ressecados, irritados ou até mesmo sensíveis à luz, o que pode causar dores de cabeça aparentemente inexplicáveis.

Eu adoro usar óculos escuros; eles dão um ar de mistério, transmitem personalidade, daí a importância de uma escolha acertada. As dicas são:

- As lentes devem ser de ótima qualidade e filtrar os raios UV.

- Para os dias de muito sol, as melhores são as de tonalidade marrom e verde-escura.
- Preste atenção nas armações, mas o legal é que, ao contrário dos óculos corretivos, com os óculos de sol você pode brincar com as cores e os formatos.

E as lentes de contato? Elas foram minhas companheiras durante anos. Existem alguns tipos de lentes: gelatinosas, siliconadas, acrílicas, indicadas para problemas diversos e tipos diferentes de retina. Seu oftalmologista é a pessoa indicada para lhe falar sobre elas e dizer se você pode ou não usá-las. Porque existem pessoas não podem usar nenhuma delas.

As lentes coloridas são muito legais para mudar o visual. Dá para brincar bastante com elas: um dia de olhos azuis, outro de olhos verdes, e assim vai... Eu já me diverti muito com as várias faces de uma mesma mulher. É muito bacana!

Mas essa minha história não poderia terminar de forma melhor: a "cirurgia maneiríssima" para a correção da miopia — além de outros problemas, me livrou de uma vez por todas dos óculos que me acompanhavam há tanto tempo. Após algumas consultas e exames, os médicos constataram que a cirurgia seria benéfica e então marcamos a data. E foi tudo muito simples. No pré-operatório, a única exigência era não usar lentes de contato. A cirurgia é feita a laser, comandada por um computador, no qual estão armazenados todos os dados referentes ao seu problema e o estado de seus olhos. É muito simples e rápida; eu fiquei olhando para uma luz vermelha e, dois minutinhos depois, já tinha acabado.

O pós-operatório também é simples. No dia seguinte, eu já podia trabalhar, ler, dirigir, escrever no computador, assistir à

TV... Só precisei pingar dois colírios por alguns dias e, então, tudo resolvido. Parece ou não um verdadeiro milagre?

Se você precisa usar lentes ou até mesmo gostaria de tentar a cirurgia, lembre-se sempre de que deve procurar um bom especialista. Pegue referências com pessoas que já se trataram com o oftalmologista e, se tiver dúvidas, procure uma segunda opinião profissional. Se gostar mais deste, troque, pois o importante é se sentir bem e confiante.

Plástica: a difícil decisão

Fazer ou não fazer? Eis a questão.

"Beleza é fundamental...", e, com esse pensamento, meninos e meninas estão se tornando escravos. A insatisfação é geral, e a busca por um nariz arrebitado, um par de seios enormes e apontando para o céu, barriguinha sarada, enfim, um corpo perfeito, leva garotas de todas as idades a procurar tratamentos estéticos radicais, médicos especializados em estética facial e corporal, até mesmo cirurgiões plásticos. Elas não medem sacrifícios, e os consultórios estão cada vez mais cheios de meninas muito jovens.

Segundo pesquisa feita pela Sociedade Brasileira de Cirurgia Plástica, 13% das cirurgias feitas em 2001 foram realizadas em adolescentes. E esse número tende a aumentar muito mais. Isso se deve à popularização da plástica. Até pouco tempo atrás, "entrar na faca" para melhorar o visual e rejuvenescer era coisa de artista ou de idosas milionárias. "Plástica não é para quem quer, e sim para quem pode", dizia minha mãe. Hoje as coisas mudaram; tanto as mulheres de classe média como as de classe baixa se tornaram consumidoras em potencial. Afinal, elas também são "filhas de Deus". Graças aos financiamentos, e até carnês, qualquer mortal pode virar uma beldade do dia para a noite. Ainda bem!

No entanto, uma cirurgia, por mais simples que seja, sempre implica alguns riscos reais. Anestesia, cortes, pontos, recuperação etc. Imagine passar por tudo isso sem nem estar doente? Será que vale a pena todo esse sacrifício por causa de uma barriguinha que pode perfeitamente ser eliminada com sessões diárias de abdominais?

Eu, particularmente, acho que a ética profissional dos médicos deveria sempre falar mais alto que o caixa da clínica. Existem casos em que a plástica é fundamental para o bem-estar físico e psicológico. Desde os 17 anos, implico com o tamanho dos meus seios — acho que são um pouco maiores do que deveriam. Procurei um especialista no assunto e ele me disse para desistir da plástica, pois não era aconselhável mexer nos seios na idade que eu tinha e me deu um argumento que foi definitivo: "Você terá filhos, vai amamentá-los; depois dessa maratona, fatalmente seus seios vão cair ou murchar. Nesse momento, você terá todos os motivos do mundo para fazer uma plástica". Imediatamente "a ficha caiu". Por que me submeter a uma cirurgia que inevitavelmente terei de fazer mais tarde? Parece-me que médicos como esse já não existem mais. Digo isso pela quantidade de meninas que aumentam e diminuem os seios hoje em dia. Será que todas elas realmente precisam encarar o bisturi?

Não existe idade certa para se submeter à cirurgia, isso vai depender muito mais do tipo de correção a ser feita. Em alguns casos, a plástica é recomendada até mesmo na pré-adolescência. Orelhas "de abano", por exemplo, são comuns entre crianças e devem ser corrigidas antes daquela idade crítica — 12 anos em diante — quando a garota já descobriu toda a vaidade que existe no mundo e seus colegas aprenderam os apelidos mais cruéis. Tenho uma amiga que nunca usava os cabelos presos; depois da plástica, ficou viciada em penteados inovadores. É tão clara a mudança! E a felicidade é evidente. Nesses casos, a correção só faz bem!

As plásticas mais procuradas pelas jovens são: colocação de próteses mamárias, redução dos seios, rinoplastia (plástica no nariz), correção de orelhas de abano e lipoaspiração.

Há também uma nova moda entre as garotas orientais. A chamada ocidentalização de pálpebras consiste em fazer pequenas dobras nos olhos, para que se abram e pareçam maiores.

Bem, se o bisturi pode ajeitar tudo, então por que você deve se preocupar, fazer regimes, usar potes e potes de cremes e gastar uma fortuna em cosméticos e academias ao longo da vida?

A resposta é muito simples. Plástica não é brincadeira, e você não pode recorrer a ela o tempo todo. Quanto mais tratar do seu corpo, da pele e da saúde em geral, menos precisará desse recurso. E, se precisar, melhor será a sua recuperação.

Porém tão importante quanto ter uma saúde primorosa no momento da cirurgia é estar nas mãos de um ótimo médico. Procure se informar sobre a especialidade dele, verificar se tem registro na Sociedade Brasileira de Cirurgia Plástica e, principalmente, se responde a algum processo por negligência ou erro médico.

Se algo em seu corpo realmente a incomoda de forma insuportável, converse com seus pais para marcar uma consulta com um cirurgião plástico confiável e peça orientações. Primeiro sobre tratamentos possíveis e, depois que se esgotarem os recursos, aí sim pense em cirurgia plástica.

Caso algo a incomode de forma insuportável, não sofra. Procure a orientação de um cirurgião plástico.

Questione o profissional, informe-se sobre sua carreira, pesquise se ele é membro da Sociedade Brasileira de Cirurgia Plástica e se há algum processo contra ele.

Siga sempre as orientações médicas.

Não faça plásticas sem necessidade. Prefira tratamentos menos agressivos.

Corrigindo imperfeições

É impossível acreditar que exista uma única mulher em todo o planeta que esteja realmente satisfeita com a própria aparência. Eu mesma sou vítima constante da seguinte armadilha: chego em frente ao espelho — imagine a cena — e acho que uma ligeira elevação na região do abdome (a famosa barriguinha) é um verdadeiro "barrigão", um monstro que vai me devorar, acabar comigo em segundos. Só me falta chorar! Nesse momento, o chão se abre sob os meus pés e o mundo desaba! Eis que começo a pensar: *Calma, Drica, calma. Vai passar, calma, tem que passar!*

Exagero meu? Claro que sim! Mesmo que minha barriga estivesse (nunca está!) tão grande quanto em meus delírios, suponha que estivesse (não está, mesmo!), nem assim seria o fim do mundo. Além das milagrosas lipos das quais já falei, que devem ser usadas apenas como último recurso, existem vários meios de disfarçarmos algo em nosso corpo que não nos agrada.

Nesse aspecto, você pode considerar que as roupas têm papel fundamental. São as nossas grandes aliadas, pois conseguem fazer coisas incríveis pela nossa aparência. Confie em mim! Você vai ficar surpresa com os segredinhos que vou compartilhar com você, minha amiga. Coisas que, no fundo, você sempre soube, mas nunca conseguiu assimilar.

O primeiro passo é um diagnóstico que você vai fazer sozinha. Fique diante do espelho, com lápis e papel na mão. Tire algumas medidas e faça algumas observações sobre seu corpo.

Qual a importância de saber suas medidas básicas?

É que, com elas, você poderá fazer uma análise, caso queira ganhar ou perder peso. Até mesmo ao se exercitar, você precisa saber quais áreas devem ser mais trabalhadas e as que já estão no ponto, nas quais não é necessário mexer. Além disso, são essas medidas que determinam seu manequim na hora de comprar roupas.

Como tirar as medidas? Pegue uma fita métrica de alfaiataria e mãos à obra:

- **Busto:** passe a fita métrica sobre a parte mais saliente; certifique-se de que nas costas a fita esteja na mesma altura. Anote a marcação.
- **Quadril:** a fita deve passar pela parte mais saliente do bumbum.
- **Cintura:** meça ao redor da cintura, localizada na altura do umbigo, e não próxima ao quadril, como muita gente pensa.
- **Coxa:** essa medida deverá ser feita mais ou menos oito centímetros abaixo da virilha, na região mais grossa da perna.

Essas são as principais medidas de seu corpo, além da altura e do peso. Guarde suas anotações e controle-as. Fique atenta às variações que podem ocorrer. Caso sejam drásticas para mais ou para menos, procure saber o que está acontecendo. Comente com sua mãe e recorra a um médico endocrinologista, se necessário.

Outro ponto importante a observar é a proporção do corpo. Tente traçar linhas imaginárias que o dividam em quatro partes: cabeça e pescoço, ombros e seios, cintura e quadris até as coxas e pernas.

Você pode até desenhá-las e classificá-las para ajudar no diagnóstico. Em seguida, verifique como enquadrá-las em uma das seguintes características: avantajado, alongado, largo, estreito, pequeno, fino ou grosso. Você terá então a definição do seu tipo físico. Vejamos agora o que você precisa fazer para disfarçar aquela parte do corpo que não lhe agrada.

Pescoço longo

- **Use:** gola rulê, camisa de gola alta e abuse da cacharel. Você vai ficar muito charmosa, além de valorizar seu rosto. Use também colares largos, tipo gargantilha, pesados, mais compactos, em alta ultimamente.
- **Não use:** o corte de cabelo muito curto; poderá acentuar demais um pescoço fino e longo.

Pescoço curto

- **Use:** muito decote canoa ou em V, blusa de alcinhas, tomara que caia, cabelos bem curtinhos e colares e brincos discretos.
- **Não use:** gola alta, de jeito nenhum. Pode deixá-la nanica. Muito cuidado!

Ombros largos

- **Use:** roupas escuras na parte de cima, blusa de mangas longas e camisetas sequinhas, do tipo baby look, à vontade.
- **Não use:** ombreiras de forma alguma, nem mangas bufantes. Parece coisa do século XIX, mas muitas garotas gostam de usá-las no vestido de debutante. Um conselho: escolha um vestido sem volume na parte de cima.

Ombros estreitos

- **Use:** ombreiras, se estiverem na moda. Ainda que não estejam, se você tem os ombros caídos, além de estreitos, vale a pena usá-las. Babados e volumes na parte de cima são bem aceitos.
- **Não use:** baby look ou camisetas justas.

Seios avantajados

- **Use:** muito decote, afinal você está na era do silicone. E, se quiser disfarçar para não matar as amigas de inveja, prefira roupas escuras e justinhas ou camisetas e camisas largas.
- **Não use:** blusas com babados, enfeites ou tecidos que alterem o volume dos seios (tecidos com pelos ou listrados) e, por fim, blusas de cores claras. Ah! É péssimo também usar o sutiã apertado para disfarçar o tamanho dos seios; todo mundo percebe a marca na blusa e a emenda acaba ficando pior que o soneto.

Seios pequenos

- **Use:** muitas blusinhas e vestidos de alcinhas, de preferência sem sutiã; ficam mais sensuais e você não precisa se preocupar com nada além da transparência, é claro. Pode usar estampas grandes e todo tipo de tecido diferenciado, enfeites e babados. Caso queira valorizá-los, use o artifício das lingeries: sutiãs com enchimento, calibragem ou fivelas de regulagem (veja o capítulo sobre lingeries).
- **Não use:** decotes profundos e roupas escuras na parte de cima.

Agora vamos conversar sobre cintura, quadril, coxas e pernas que determinam se uma pessoa é gorda, magra, reta ou violão. Citarei aqui quatro tipos, e você confere qual é o seu e como mostrar o que é lindo ou disfarçar o que não lhe agrada.

Cintura fina e quadris largos

- **Use:** blusas por cima do cós da calça e decotadas; na parte de baixo, abuse das roupas escuras.
- **Não use:** calça muito apertada, camisas, camisetas e blusas por dentro da calça (aumentam ainda mais o volume dos quadris). Calças de tecido volumoso também devem ser evitadas. Não use vestidos ou calças justos demais nem saias curtas.

Pernas finas

- **Use:** calças à vontade, de preferência estampadas ou de tons mais claros. Vestidos e saias sempre abaixo do joelho. Abuse das sandálias, tamancos e botas.
- **Não use:** calças justas demais ou legging. E nunca use calça preta ou azul-marinho.

As baixinhas

- **Use:** roupas justinhas, que valorizem seu corpinho. Abuse dos vestidos e das calças justas. Em você, os acessórios pequenos ficam fabulosos. E o melhor: use saltos à vontade, mas respeitando a saúde de seus pés e pernas, claro.
- **Não use:** namorado alto demais! Mas no coração ninguém manda, não é mesmo? Eu não consigo entender essa obsessão dos homens muito altos por mulheres muito baixas. Esteticamente não acho bonito, mas, se esse é seu caso, use salto de quinze centímetros. Talvez ajude a compensar a diferença!

  Estampas grandes também não são legais; acessórios gigantes (bolsas, brincos, mochilas etc.) nem pensar!

  Também não recomendo saias longas, calças largas ou pantalonas. Shorts-saia é outra coisa que deve ser evitada.

Barriga grande

- **Use:** blusas de cores escuras, vestidos soltos, calças mais tradicionais e que não marquem a cintura. Não tenha vergonha de usar calcinhas de cetinete (um tipo de tecido sintético grosso) para segurar a barriga. É um ótimo truque para ocasiões em que você precisa usar uma roupa especial.

- **Não use:** tops curtos, blusas que fiquem acima do cós da calça, calças de cintura baixa e biquínis (nem pensar!). Não preciso dizer que você não deve ficar mostrando o seu "barrigão" para todo mundo, preciso? Vestido muito justo acentua as dobrinhas e também não vai cair bem em você.

Alta e magra demais

- **Use:** estampas grandes, acessórios e joias também grandes, cintos largos, saias na altura do joelho, vestidos soltos e justos, calças pantalona, capri, corsário. Você pode quase tudo. Até saltos altíssimos, se não tiver problemas em mostrar que é uma "grande mulher".

> ! Autoaceitação! É o melhor conselho que posso lhe dar.

PARTE 4

... E depois a modelo

O bom marketing pessoal

Penso, logo existo! Não há verdade mais absoluta dentro do marketing pessoal do que essa. Porém não basta pensar, precisamos pensar bem, positivamente. Se fizermos uma comparação entre nós e um computador, funciona mais ou menos assim: colocamos programas no computador que fazem a máquina funcionar melhor, com mais eficiência. No nosso computador, a mente, devemos pôr também programas (pensamentos positivos, fé, determinação etc.) que nos tornem seres melhores.

Não adiantam programas ineficientes. É lógico que, às vezes, nossa máquina é infectada por alguns programas com vírus — raiva, depressão e inveja. Mas isso só acontece quando a nossa guarda está baixa. Que guarda é essa? Nossa autoestima, nosso bem-estar.

Para entender como isso funciona, já foi provado cientificamente que pessoas que estão sempre de bem com a vida, que se gostam mais e pensam positivamente ou fazem meditação, fortalecem consideravelmente seu sistema imunológico e, portanto, adoecem menos, ou, quando isso acontece, sua recuperação acaba sendo mais rápida se comparada à de outras pessoas que não agem da mesma forma. Por que isso acontece? Digamos que, quando agimos positivamente ou cultivamos hábitos de vida saudáveis, com pensamentos igualmente saudáveis, fortalecemos o nosso sistema "antivírus" e assim evitamos que aborrecimentos tenham espaço no nosso dia a dia. Consequentemente, essa forma de agir contagia tudo e todos ao redor. Você começa a ser lembrada como uma pessoa cheia de energia, alto-astral, a mais bacana da turma e, com certeza, se torna popular e atrai coisas boas, mais carinho, saúde e vitalidade.

Acaba sendo considerada uma garota de sorte! E quem é que não gosta de estar ao lado de uma pessoa assim? Pense bem! Quando você vai a uma festa, convida que tipo de pessoa como companhia: aquela amiga que tem personalidade marcante, é divertida e alto-astral, ou aquela que está sempre reclamando de tudo, praguejando e falando palavrão? Pois bem. O que a gente não quer pra gente também não deve fazer com os outros. Quantas vezes você já não agiu assim com a sua turma, reclamando de tudo? Aposto que foi deixada de escanteio por um tempo e nem sequer soube o motivo, certo? O problema é que em algumas ocasiões nem percebemos que estamos agindo assim. Há dias em que as coisas realmente não dão certo, pois, afinal de contas, as dificuldades existem, acabamos nos deixando levar por situações estressantes e agimos com agressividade, baixa autoestima e mau humor. Como fazer então para não dar mancadas desse tipo?

Antes de mais nada, encare os problemas não como um obstáculo, e sim como um quebra-cabeça a ser resolvido por etapas. Não adianta se desesperar e querer encontrar respostas imediatas.

Permita-se um período de aprendizado e resolva primeiro aquilo que for mais urgente. A cada etapa cumprida ou "peça encaixada", sinta que uma lição foi aprendida e que em breve você vai conseguir visualizar o quebra-cabeça como um todo. Quando isso acontecer, significa que você atingiu um estágio superior, que transpôs mais um degrau desse aprendizado. Se as dificuldades ainda a deixarem baixo-astral, procure fazer programas capazes de elevar sua energia. Se nesse período você tiver um compromisso ou uma tarefa desgastante, prepare-se antes do evento. Medite um pouco, escute uma música que lhe faça bem, tome um banho relaxante. Com certeza você vai se sentir melhor para encarar a situação. Se mesmo assim seu ânimo não estiver recuperado, que tal adiar a tarefa? Verifique primeiro o grau de urgência e veja se há possibilidade de resolver a situação num dia em que possa realmente se dedicar a ela. Lembre-se: você deve causar ótima impressão.

O mais importante de tudo é saber seus limites, até onde pode ir e o que pode fazer para melhorar cada situação. Não tenha medo ou vergonha de pedir ajuda, se necessário. Faça aos outros aquilo que gostaria que fizessem para você. Seja respeitadora, use sempre as palavrinhas mágicas: por favor, desculpe e obrigada. Ame-se antes de qualquer coisa. Esteja bem para fazer e receber o bem. Saiba que, agindo assim, coisas boas estarão sempre presentes. Quando você se comporta mal, pensa negativamente, acaba por atrair coisas negativas também, o que é péssimo para o seu marketing pessoal. E, afinal, o que é esse tal de marketing pessoal?

Resumidamente, é a imagem que as outras pessoas têm de você. Não adianta, porém, passar uma falsa imagem. Qualquer pessoa pode se maquiar e fingir ser o que não é. Entretanto isso não dura muito tempo. Pior: falar sem cumprir, agir diferente do que se prega, acaba fazendo você passar por mentirosa, falsa, sem credibilidade. Transmitir uma imagem de respeito, tanto próprio quanto pelos outros, ser positiva, "vestir a própria camisa", ter autoconfiança são as chaves do sucesso. São caminhos para se fazer sempre lembrada, querida e, com certeza, lhe trarão mais oportunidades. Acredite sempre no seu potencial, pois ninguém melhor do que você mesma para fazer isso. Usar bem o seu marketing pessoal é conhecer antes de tudo seus defeitos e procurar melhorá-los. Utilizar suas qualidades para promover o bem e "compensar" aqueles defeitinhos que ainda não conseguiu transformar. Olhar-se no espelho e gostar do que está refletido. Mesmo que haja umas gordurinhas a mais ou cabelos a menos. Buscar formas de melhorar o visual ou mudar aquele algo inconveniente sem agressões físicas. Nada de ficar abusando de dietas malucas ou de qualquer coisa que comprometa sua saúde. Adianta ficar magra e doente? Respeito próprio é fundamental.

Só assim, depois de lapidar sua imagem com respeito e amor, é que você vai ter condições de respeitar e amar de modo puro e verdadeiro.

Desse modo, a verdade "penso, logo existo" com certeza se transformará em "penso bem, logo existo melhor ainda".

! Não faça aos outros o que não gostaria que fizessem a você. Essa é uma regra muito importante de convivência em sociedade.

! Alto-astral sempre!!!

Vida de modelo

Tem gente que acha fácil. Mas vida de modelo não é nenhuma moleza, não. É necessário ter muita disciplina, força de vontade e bastante perseverança.

É difícil enfrentar os castings quase todos os dias. Disputar a capa de uma revista com dezenas de garotas lindas de doer e por um cachê nem sempre bom. Estar sempre com o rosto, o corpo e os cabelos lindos. Não poder comer tudo o que se tem vontade (às vezes é preciso correr do chocolate) nem ser dona do seu visual. É isso mesmo, a modelo que assina um contrato de exclusividade com uma empresa só pode cortar os cabelos, engordar ou emagrecer se a firma contratante permitir!

Parece um absurdo, né? No entanto, milhares de garotas estão enlouquecidas para passar por essa experiência. Se você também está nessa, então vou lhe dar algumas dicas para que encontre mais rápido o caminho das pedras, sem entrar em roubadas.

Primeiro, você precisa saber que existem algumas escolhas a ser feitas. Na profissão de modelo, você pode trilhar dois caminhos: ser modelo comercial ou se dedicar à carreira fashion, ou seja, ser modelo de passarela. O que isso significa?

- **Modelo comercial:** é aquela que participa de comerciais de TV, faz campanhas para jornais e revistas. Em geral, elas trabalham para um produto, serviço ou empresa que não precisa necessariamente ter relação com a moda. Exemplo: campanhas de produtos alimentícios.

Perfil: a modelo comercial deve ter uma beleza mais natural, mais comum. O corpo não precisa ser tão magrinho e admite-se até que ela tenha curvas. O mais importante é não "amarelar" na frente das câmeras. É quase uma atriz e deve estar preparada para interpretar papéis. Um exemplo de profissional vitoriosa: Ana Paula Arósio, que fez sucesso no mundo todo, tornou-se atriz e continuou participando de campanhas publicitárias.

- **Modelo fashion:** é aquela que se dedica exclusivamente ao mundo da moda. Participa de desfiles, editoriais de moda e catálogos de lojas e grifes. Pode até participar de campanhas publicitárias, mas seu perfil é mesmo para passarela.

  Perfil: a modelo fashion tem de ter, no mínimo, 1,75 m de altura, não pode ultrapassar 90 cm de quadril, deve ser extremamente magra e possuir uma beleza diferenciada, que vá do andrógino ao exótico. Deve ter a capacidade de se transformar, ser meio camaleoa, para se sair bem em qualquer editorial. Um exemplo de sucesso: Gisele Bündchen, considerada a melhor modelo do mundo há anos.

Agora que você já decidiu que tipo de modelo quer ser, vai saber como começar.

Curso de modelo ajuda?

Depende. Se não for conceituado ou apoiado por uma grande agência com credibilidade no mercado, eu lhe digo com certeza: não. A maioria dos cursos é pura enganação, cobra um absurdo dos pais, promete que você fará carreira internacional, indica péssimos fotógrafos para fazer seu book — que também vai custar uma fortuna — e, no fim das contas, nada acontece, além de sua família perder um bom dinheiro, é claro!

Os cursos sérios e confiáveis têm como professores pessoas que se projetaram na carreira; são reconhecidos por alguma agência badalada e possuem técnica. Esses cursos não costumam aceitar pessoas sem perfil para a carreira, meninas fora das medidas, por exemplo.

Cursos de modelo devem ensinar a ter boa postura, andar, sentar, desfilar, fazer a própria maquiagem e até a etiqueta social básica.

Sem dúvida, um significativo investimento inicial é necessário. Portanto, muito cuidado ao escolher o curso, para não gastar demais e em vão. Fique atenta. Leve sua mãe para fazer uma avaliação do estabelecimento. Peça recomendações para as agências.

Outra sugestão é procurar o sindicato de modelos e tentar saber se a escola é boa ou não. Conseguir dicas vai evitar que você caia em ciladas. O sindicato também pode esclarecer dúvidas legais sobre a profissão e lhe ensinar como agir para exigir os seus direitos quando se sentir injustiçada. Calotes são frequentes na profissão, principalmente quando é você mesma quem negocia seus contratos.

Certa vez, negociei um evento com uma agência pequena para trabalhar no lançamento de um refrigerante. O contrato era ótimo para ela e péssimo para mim. Estabelecia que, se desistíssemos do trabalho, teríamos de pagar multa com valor três vezes maior que o do cachê. E, se eles quebrassem o contrato, não aconteceria nada! Pois foi justamente o que aconteceu. Duas garotas e eu fomos substituídas de última hora, e até hoje não entendi por quê. Mas nem precisei entender. Procurei o Juizado de Pequenas Causas — que também pode resolver esses casos, ainda que tenha sido apenas um contrato verbal, se você puder provar que foi lesada — e consegui receber o valor integral do cachê com a alegação de que havia perdido outros trabalhos agendados para o mesmo período. É... vida de modelo é assim; há dias em que você levanta com o pé esquerdo, mas não pode desanimar, tem que correr atrás dos seus direitos e saber se defender, sempre!

PESSOAS QUE INFLUENCIAM A CARREIRA DE MODELO:

- Estilistas
- Publicitários
- Fotógrafos
- Editores de moda
- Maquiadores e cabeleireiros
- Bookers
- Outras modelos
- Formadores de opinião

ROUBADAS DA PROFISSÃO:

- Cantadas de bobos e presunçosos, que só conseguem mulher quando uma jovem iludida e ingênua cai na lábia deles.
- Sair (transar, ficar, namorar...) com alguém influente no meio da moda. Em nove de cada dez casos, o cara só quer

mostrar que pode namorá-la. Promete muito, não cumpre nada e ainda a prejudica, pois quem conhece a fama dele já saca logo a roubada em que você se meteu. Depois você ainda fica com fama de não ser profissional e perde vários trabalhos por conta disso. Tenha ética, não saia com ninguém do meio se quiser ter uma carreira sólida.

- Nunca vá sozinha aos testes, leve sempre alguém que imponha respeito para mostrar profissionalismo — pelo menos enquanto você ainda não tiver experiência.
- Muito cuidado com os contratos; eles podem prendê-la ou lhe acarretar grandes prejuízos se o contratante não for honesto.
- Falsas agências também são um perigo muito comum. Elas têm o seguinte discurso: "Faça seu book ou vídeo conosco e nós lhe arrumaremos muitos trabalhos". Em geral, falam isso para todas as garotas, às vezes até por telefone, sem nem sequer olhá-las, sem uma seleção ou triagem. Não seja ingênua! O mercado de modelos é muito concorrido e não tem lugar para garotas que caem nesse tipo de conto do vigário.

ENTRANDO COM O PÉ DIREITO NA CARREIRA:

- Procure uma agência de renome em sua cidade. Diga ao booker suas intenções, seja clara e específica. Pergunte a opinião dele e peça conselhos. Não fique revoltada se ele disser que você não leva jeito para a profissão. Se isso acontecer, não desista. Peça uma segunda ou até uma terceira opinião antes de abandonar seu projeto.

- Orientada pela agência, faça seu book e seus composites. É fundamental que o fotógrafo seja um ótimo profissional, pois seu sucesso inicial está nas mãos dele.
- Só gaste dinheiro com o book depois que tiver certeza de que alguma agência se interessou por você.
- Em início de carreira, não faça fotos nua. Você pode achar que está começando bem, pois o cachê para esse tipo de trabalho costuma ser alto. Porém estará encerrando sua carreira antes mesmo de começá-la. Posar nua é para modelos em fim de carreira ou atrizes já consagradas.
- Esteja disposta a fazer mudanças em seu visual. Tudo sob a orientação dos profissionais da agência e depois de ser contratada.
- Quando for se apresentar ao booker da agência, seja supernatural. Vá vestida de forma simples, com pouca ou nenhuma maquiagem, cabelos bem limpos e penteados. Tudo para que ele consiga perceber sua beleza natural.
- As agências costumam reprovar garotas com visual artificial (cabelos tingidos, lentes de contato coloridas etc.).
- Participar dos grandes concursos é sempre uma excelente oportunidade de aparecer.
- Estar no eixo Rio-São Paulo é uma facilidade a mais, pois os trabalhos e as grandes agências se concentram aí. Mas não se preocupe com isso, porque elas costumam manter apartamentos para alojar as garotas que moram fora do eixo.
- As agências habitualmente ficam com 20% a 30% do cachê.

Curiosidade: 70% das iniciantes desistem da carreira nos dois primeiros anos. Os principais motivos são a desilusão com o trabalho e as dificuldades de adaptação ao ritmo de vida que a profissão exige.

Investir em seu sonho e não desistir!!!

Sair com alguém achando que vai ser famosa e ficar rica por causa disso.

Cuidado com as ciladas da profissão. Como em qualquer carreira, essa também é cheia de bons e maus profissionais.

A poderosa é você!

Olha que coisa mais linda
Mais cheia de graça
É ela menina que vem e que passa
Num doce balanço a caminho do mar
— Vinícius de Moraes, "Garota de Ipanema", 1962

Vinícius era mesmo um gênio! Não conheço outro poeta que tenha conseguido descrever tão generosamente a alma de uma mulher. Sinto-me lisonjeada quando ouço seus versos... Aaahhhh!

Ao ouvir a música "Garota de Ipanema", na voz do também saudoso Antônio Carlos Jobim, fico orgulhosa de ser mulher. Agradeço pelo meu corpo feminino e fico radiante. Logo isso me leva a uma viagem. Imediatamente me coloco no lugar da musa inspiradora e consigo entender completamente o que significa o poder de uma mulher.

Agora eu a convido a embarcar nessa viagem. Sinta a brisa da praia batendo em seu rosto... Os cabelos longos e esvoaçantes. O calçadão da praia é sua passarela. Sinta o clima de sedução, de liberdade. Você é apenas uma jovem, ingênua e com todas as lições de casa para fazer. Neste momento, pense no que você desperta no mundo: curiosidades, ansiedades, desejos e encantamentos. É mágico, é maravilhoso, é bom demais ser mulher.

Vamos falar sério. Todas nós temos poder de encantamento e sedução próprio. Somos verdadeiras feiticeiras na arte de seduzir. E seduzir não é apenas "dar bola para um carinha" ou conseguir conquistar alguém.

A sedução é uma arma para a mulher conseguir tudo o que quer. Ela é muito usada no dia a dia — mesmo que você não perceba. A mulher precisa saber usar esse poder de forma saudável. Como fazer isso? Você deve trabalhar a expressão, os gestos, a forma como trata as pessoas, sua simpatia, simplicidade, meiguice, doçura, tudo que existe de melhor em seu ser, em último grau. É necessário muito treinamento para chegar à perfeição. E não se iluda, não conheço nenhuma mulher que tenha conseguido chegar realmente à perfeição!

Como simples mortal, você deve fazer o máximo para estar sempre de bom humor, agradável aos olhos dos outros. E, se for necessário estabelecer limites de intimidade com alguém, não seja rude nem grosseira. Esforce-se para tornar os momentos de todos ao seu redor os melhores possíveis. Lembre-se de que agora a poderosa é você. Inspire-se na garota de Ipanema, desfile na vida com muita graça, despertando o interesse e a amizade sincera das pessoas. Você deve estar sempre em primeiro lugar, mas nunca se esqueça dos que estão ao seu lado. Nunca use os seus poderes para o mal.

Descubra seu lado generoso, seja uma boa amiga, boa filha, boa profissional e sinta paixão por tudo que desejar fazer. O amor nos leva a fazer coisas lindas e também é grande inspirador e conselheiro. Acredite nessa força que está dentro de você e nunca desista de um projeto se realmente acredita nele. Afinal, você veio ao mundo para aprender, ensinar, cair, levantar, mudar, lutar, doar, receber, brilhar, brilhar e brilhar...

BOA SORTE!